CÓMO GANÉ A ZARA
EN ESTRATEGIA DIGITAL

LA HISTORIA REAL DE UN COMERCIO DE BARRIO QUE SE HIZO CON EL
PREMIO DE ESTRATEGIA DIGITAL FRENTE A GIGANTES DE INTERNET

RAÚL PERDIGONES

Cómo Gané a ZARA en Estrategia Digital

2020. Primera Edición

© Raúl Perdigones López

A Olga, por su perseverancia, por hacerlo posible

Contenido

Qué vas a encontrar en este libro.

En primer lugar, quiero saludarte, y agradecer que hayas llegado hasta aquí. Me alegra haber llamado tu atención, mi esfuerzo e ilusión están en que te lleves algo bueno de esta lectura, un sencillo aprendizaje, o al menos un buen sentimiento. Todo lo que he escrito lo he hecho pensando en la persona que lo leería, por lo que tu lectura es todo un reto para mí.

El libro tiene dos bloques. **En el primer bloque narro la vivencia** de cómo construí un ecommerce para un pequeño comercio local, cómo se nos ocurrió presentarnos en un concurso nacional y todo lo que fuimos haciendo hasta alcanzar el premio. Describo cómo pudimos llegar a la radio y televisión, periódicos digitales, blogs y redes sociales, sin invertir nada de dinero.

Para los que no estéis interesados en el comercio electrónico, creo que es una divertida aventura, pocas veces se ve a una autónoma y su hijo inquieto generar semejante autobombo de la nada.

Para los que quieran iniciarse en estrategia digital, de la lectura del primer bloque se pueden tomar algunos consejos sobre cómo actuamos a lo largo del concurso.

El segundo bloque está escrito a modo de guía, dedicado para aquellos que quieran iniciarse en el comercio electrónico y sean principiantes. Si eres un experto del marketing digital, no creo que vaya a aportarte profundidad en ningún tema. Pero si quieres iniciarte en el comercio electrónico, te doy muchísimos consejos y una visión amplia de todo lo que tienes que tener en cuenta. Me esforzaré en que tras esta lectura estés preparada, o preparado, para lanzarte al mundo digital sin el cartel de principiante.

BLOQUE 1. La historia de cómo Gané a Zara

1.1. Empezando la historia por el final.

Jueves, 11 de mayo de 2017. El día comenzó despejado, lo supimos desde bien temprano porque los nervios nos impidieron dormir como de costumbre. Era el día de la Gala, de la entrega de premios. Mi madre se vistió una de las muchas combinaciones posibles que trajo desde Galicia, y entre las que tanto nos costó decidir la noche previa. Estábamos felices, éramos finalistas al lado de grandes profesionales. Me afeité con más atención que de costumbre, era nuestro día.

Llegamos demasiado temprano, un café en la Gran Vía de Madrid nos permitió hacer tiempo antes de entrar en el Edificio de Telefónica. A pesar de todo, llegamos de los primeros, no podíamos esperar más. Allí estaba el fotocol, en el que posamos sonrientes. La foto en las redes sociales pronto se llenó de likes y comentarios de apoyo, todo un pueblo estaba animándonos, emocionados.

La noche anterior habíamos fijado nuestro objetivo. Teníamos que conseguir una foto al finalizar la gala junto a los representantes de ZARA, claros favoritos del premio nacional del Día de Internet en estrategia digital. De ese modo, publicaríamos en los medios locales y nuestras redes sociales que sólo un gigante como Zara había podido superarnos entre tantas grandes empresas compitiendo. Ese sería nuestro orgullo, nuestro motivo del viaje, nuestra estrategia de comunicación.

Comenzó la gala. Macarena Merlín, que por entonces dirigía y presentaba Hablar por Hablar en Cadena Ser, conducía una Gala muy amena sin tiempos muertos. Llegó el momento de comunicar el ganador. Nos nombró. Lloramos. Las redes sociales comenzaron a quemar, los periódicos nos llamaron. Sucedió lo que no podía suceder, lo único que no habíamos previsto. Ganamos.

1.2. Los inicios, o por qué un pequeño comercio se mete en esto de internet.

La historia comienza como la de muchas familias en nuestro país. Para muchas personas, una situación de desempleo después de los 50 puede resultar problemático.

Por eso le animé, y en poco tiempo mi madre, Olga, se convirtió en una autónoma con su propio comercio local, en nuestra localidad de Gondomar. Como muchos autónomos, de la noche a la mañana se convirtió en su propia jefa, en contable, dependienta, escaparatista, limpiadora, reponedora, empaquetadora y todas las demás tareas que hace un autónomo sin haber estudiado un MBA, pero con el entusiasmo y energía de sacar su negocio adelante. Y la tienda comenzó a caminar.

Era el año 2015. Mi profesión, ligada al sector asegurador, nada tenía que ver con programación, pero por mi formación universitaria y primeros trabajos como becario tenía nociones. A modo de pasatiempo, hice una página web muy sencillita para la tienda. Apenas una página estática con unas pocas fotos de productos y los datos de contacto.

Ninguna página web perdida en internet atrae clientes. Eso lo debe saber cualquiera que quiera comenzar en el comercio electrónico. Es como tener un escaparate en una calle en la que nadie pasa ni va a pasar. Pero creamos el perfil de Facebook de la tienda, y a medida que entregaba tarjetitas con la dirección de la web, a medida que los amigos de amigos nos seguían en Facebook, los vecinos comenzaron a visitar la web. Y llegaron las primeras personas a la tienda preguntando "por el bolso azul que colgaste en la web", o por determinado juguete que se había publicado días antes. Ahí nos dimos cuenta de la potencia que podía tener el escaparate web para la venta presencial.

Así que comencé a leer blogs, libros como este, foros, y la página estática se transformó en un *Woocommerce* con un diseño gratuito pero muy bonito. Olga, aprendió a subir productos al stock de la tienda web y poco a poco la tienda online comenzó a llenarse de artículos. Instalamos un TPV web: el público ya podía hacer sus compras online. Un día, llegó el primer pedido, de

Hellín, provincia de Albacete. Alguien de Albacete había comprado unos regalos en nuestro comercio en Gondomar. Demasiada emoción, había que hacer las cosas bien.

A partir de ahí mejoré poco a poco nuestro ecommerce, nuestra comunicación en redes sociales, o nuestro posicionamiento web. En el segundo bloque del libro os cuento todo lo que hice, desde una perspectiva no experta, por si os sirve para dar los primeros pasos. Cambié nuestro barato *hosting* por uno mucho mejor (ni a los clientes, ni a Google, le gustan las páginas lentas), optimicé la velocidad de carga de nuestro código e imágenes, aprendí a posicionarnos en Google con acciones de SEO Onpage, construimos linkbuilding, incluí otros métodos de pago como PayPal, Bitcoin, o pagos aplazados en cuotas, fuimos bastante pioneros con un chat online (que ahora sustituimos por whatsapp), adapté el ecommerce a dispositivos móviles, invertimos en marketing digital, hicimos sorteos en redes sociales, concursos, y hasta fuimos los primeros en organizar una Cacería PokemonGo en Galicia. ¡Toda una aventura!

Si con esta lectura llegas a la conclusión que el comercio electrónico es fácil y cómodamente vas a poder crear un negocio, habré fracasado en mi intención. Es muy complejo, internet está lleno de negocios y profesionales que conocen muy bien el entorno. Requiere tiempo, y mucha dedicación. Sin tienda física, con las ventas online no podría haber sobrevivido el negocio de Olga. Nuestro caso no es uno de esos llamativos casos de éxito de startups que se venden por millones de euros. Pero algo hicimos bien que gustó al jurado, algo que inspiró al jurado, que les llamó la atención para apoyarnos.

1.3. Los premios del Día de Internet. Cómo comenzó todo.

Los premios del día de Internet se entregan cada año desde 1996, en el mes de mayo, con motivo de la celebración del **Día Mundial de la Sociedad de la Información** conocido como #diadeinternet.

Los premios los organiza el Comité de Impulso del Día de Internet. Está compuesto por organizaciones de ámbito nacional, de reconocido prestigio, involucradas en promover el desarrollo y el buen uso de Internet y de las Nuevas Tecnologías. Lo forma Universidades, Asociaciones, Colegios profesionales, Federaciones, Sindicatos, Partidos Políticos, Centros, Confederaciones, etc.

Los premios no tienen asignación económica, pero sí un reconocido prestigio y reputación. Como parte de nuestra estrategia de comunicación, vi interesante presentar una candidatura. El mero hecho de participar podría tener una repercusión positiva, además de conseguir algún enlace de calidad hacia el ecommerce (como parte de la estrategia de linkbuilding, sobre la que hablaré con más detalle).

El jurado aceptó nuestra candidatura. En ese momento, conocí la relevancia del certamen, y la oportunidad que podría obtener para conseguir algo de conversación en redes sociales y medios locales por el mero hecho de ser candidatos.

En la edición de 2017, se presentaron más de 400 participantes. Grandes multinacionales y empresas punteras de diversos sectores. Compañías como Endesa, Mahou, ING, la propia Agencia Tributaria, BlaBlaCar, ... y ahí estaba el comercio de Gondomar con su una única dueña y empleada, Olga.

Y llegó lo mejor: nos presentábamos en la categoría de Mejor Estrategia Digital en tiendas Online, y ahí vemos como candidata la tienda Online de Zara. Sí, nuestra oportunidad, estábamos compitiendo con Zara, una de las mayores compañías de nuestro país, un ejemplo de éxito en muchísimos aspectos. Teníamos una historia que contar, y vaya si la íbamos a contar.

Además de los premios del jurado, en la edición de 2017 se habilitó un sistema de votación online para optar a una mención especial. Así que comenzamos a pedir a vecinos, clientes y amigos que nos votasen: La tienda de Olga quería medirse con la gigante Zara. Nuestra comunidad de Facebook se movilizó. Escribí una nota a los periódicos digitales del municipio y tuvimos suerte, se hicieron eco de la noticia. La historia gustaba, los seguidores la compartían. Los vecinos en la calle le decían con orgullo a Olga que habían votado en la web de los premios de internet.

Se comenzó a generar tanto revuelo que conseguimos un reportaje a todo color en el Faro de Vigo, el periódico de mayor tirada en la ciudad vecina, una publicidad que hubiese sido costosísima conseguirla de otro modo. Habíamos conseguido una publicidad impagable para un comercio local. La tienda de barrio se medía con la tienda más grande con la que se podía medir, Olga contra Amancio, David contra Goliat.

Leerás en blogs y foros que el contenido es lo más importante para posicionar en internet un blog, comercio, o cualquier *site* que quieras desarrollar. Y eso es así, y es la regla básica: el contenido es el rey. Si tienes algo que contar, tendrás la mayoría del trabajo hecho. Por mucho que cuides tu SEO, tu marketing, tu linkbuilding, tus imágenes, ... si el contenido no gusta, si no interesa, no obtendrás tráfico web. Hay mucha gente trabajando en Google para crear un algoritmo que trate de identificar si tu contenido gusta o no gusta, y en base a eso lo posiciona. Lo saben hacer bien, por eso es una empresa que gana tanto dinero. Si tratas de engañarlo, te hará desaparecer. Ten siempre una historia que contar.

Todo estaba saliendo bien. Pero llegó un email del Comité de Impulso de Internet, un email que cambiaría el rumbo de los acontecimientos. Éramos uno de los tres finalistas. Sí, el jurado había pasado a la fase final a Olga y a Amancio. Tardamos unos minutos en entender que era verdad, y poco más en publicarlo en nuestro ecommerce y redes sociales. La comunidad de Facebook explotó. Gondomar estaba en la final nacional. Nadie lo podía creer, nosotros tampoco.

1.4. La Fase Finalista, o cómo Matías Prats presentó la noticia

Si estar participando como meros candidatos junto a grandes compañías había tenido un impacto tan positivo en nuestra estrategia digital, ser finalistas junto a la tienda online de Zara era una oportunidad irrepetible que no podía dejar escapar.

Pensé cómo generar el mayor ruido posible en internet. Teníamos una historia que contar, una historia que gustaba, así que teníamos la mayor parte del trabajo hecho. Tocaba ponerle un altavoz, el altavoz más grande que pudiésemos alcanzar.

Necesitaba algo potente. En esos casos, una copa de vino y un poco de queso me suele hacer pensar. Sé que no es un consejo muy profesional, pero no quería obviarlo por si resultase ser la pieza fundamental, el tomarte un momento para disfrutar de algún pequeño placer de esos que te despejan las ideas.

Fue así como se me ocurrió hacer una pequeña inversión. Por cuarenta euros, puedes generar una nota de prensa que se publica repetidamente en decenas de pequeños periódicos digitales locales por toda España. El objetivo que busqué no era llegar al gran público por este medio, ya que son decenas de sitios web pero de poca audiencia cada uno. Lo que busqué era llamar la atención de alguien más grande, alguien que se pudiese interesar por la historia.

Primero llegó otro reportaje a todo color en El Faro de Vigo, al que estaremos siempre agradecidos por la difusión. Tras alguna radio local, llegó la Radio Gallega, con una entrevista en directo a Olga, contando su aventura. Además de contable, dependienta, escaparatista, limpiadora, reponedora, empaquetadora, y todos los oficios que tiene una autónoma, ahora le había tocado atender a los medios de comunicación.

Continuaron las intervenciones en medios locales, coloquios de emprendedoras en la radio, reportajes para blogs, y los mensajes cariñosos en Facebook se repetían con la velocidad con la que crecían los pedidos online.

Teníamos una difusión enorme al coste de cuarenta euros y muchísima ilusión. Mucha conversación en redes sociales, nuevos enlaces a nuestro ecommerce, aumento del tráfico web, pedidos.

Entonces llegó la llamada tan buscada pero que jamás creíamos que podríamos conseguir. Antena3 Noticias se había interesado por la historia. En prime time, el domingo 27 de febrero Matías Prats contaría la historia del ecommerce de la tienda de barrio finalista contra la gigante Zara. Olga y su pequeño ordenador en la tienda de Gondomar, contra Amancio festejando su cumpleaños entre cientos de empleados y con recursos casi ilimitados. Nos divertimos grabando la noticia, y nos divertimos más viéndola.

La noticia se emitió en los informativos de las 21:00 de aquel domingo. En cuanto se mencionó la tienda, me tiraron el ecommerce abajo. Así de simple, mi hosting de aquel entonces no soportó miles de entradas simultáneas y se cayó. En el momento de mayor difusión y publicidad, nuestro ecommerce se apagó de la vergüenza. Pero miles de personas entraron después, docenas de pedidos esa noche, muchísimos nuevos clientes registrados y seguidores en las redes sociales. El poder de la televisión es inmenso, aquellos minutos de oro, en el que Matías habló de nosotros, nos hicieron comprender lo pequeñito que éramos. Una pequeña tienda como la de Olga no estaba preparada para el poder de difusión en masa que tiene el televisor.

Y así continuó la aventura de ser finalistas hasta la Gala. Una semana más tarde del reportaje en Antena3, Olga estaría siendo entrevistada en directo por la Televisión de Galicia, por varias radios de Vigo, y otros medios locales. Ya era rutina, ya no había nervios. Nos habíamos comido el mundo. Nos sentíamos ganadores.

1.5. La gran Gala.

Llegó el 17 de mayo. Madrid, día de la entrega de premios. Me sentía como esos típicos perros pequeños que no paran de ladrar, esos diminutos y generalmente feos caniches que hacen muchísimo ruido, pero son fácilmente aniquilables por cualquiera de los perros que le rodean. Sin duda no éramos profesionales, ni una gran empresa, pero sobre conseguir hacer ruido, eso nos lo tenían que reconocer.

El final lo conocéis, comenzamos por él. Nuestro objetivo era seguir sacándole jugo a la comunicación digital, mostrándonos como aquellos que posaron al lado de la gran ganadora, la tienda online de Zara, a sólo un paso de la tienda más poderosa. Pero aquel jurado debió valorar, en mi opinión, que si de impulsar el buen uso de internet y las nuevas tecnologías se trataba, aquel premio nos daría mucho más impulso a nosotros que a un gigante capaz de hacer casi lo que se proponga en internet. Para Zara, imagino, su participación era una forma de apoyar el certamen, ya que Zara lo tiene todo ganado. Para nosotros, aquel premio, significaba muchísimo más.

Durante el resto del año, la historia nos valió muchos reportajes y post en blogs y sitios web de prestigio. Algunos espontáneos, otros los conseguimos proponiendo una publicación o una entrevista a Olga, a lo muchos accedieron con mucha amabilidad. Un *linkbuilding* genuino, del que le gusta a Google para posicionar tu tienda. Ninguno de los sitios webs que entrevistaron a Olga nos cobraron un solo euro. Blogs de mucha audiencia, prestigio, y que abrieron sus puertas a nuestra historia.

A veces las cosas buenas pasan solas, pero la mayoría de veces tenemos que salir un poquito a buscarlas. La suerte tiene que estar, pero sólo la suerte no sirve. Simplemente mide los riesgos y disfruta del camino.

BLOQUE 2. Paso a paso cómo hice nuestro ecommerce.

A lo largo de los próximos capítulos os contaré todo lo que utilicé para crear la tienda online desde cero y con muy bajo presupuesto. En cada uno de los capítulos, no trato de crear una guía de instalación paso a paso, sino explicaros qué recursos utilicé, sus ventajas e inconvenientes, así como los aprendizajes de muchos errores cometidos por el camino.

Teniendo toda esta información disponible, podréis encontrar fácilmente guías de instalación y uso de cada uno de los plugin o elementos que voy mencionando.

Comencemos.

2.1. La construcción del ecommerce.

2.1.1. Hosting

Lo primero que necesitarás será contratar el servicio de Hosting y comprar el dominio. En todo lo que os cuento en este libro, eso será lo único que habrá que pagar, además de lo que inviertas en marketing digital, que tiene un capítulo propio.

El hosting es el sitio donde estará tu tienda online. Quizás hayas oído hablar de hosting gratis. Olvídalo. La diferencia de calidad y servicio entre un hosting gratis y uno barato es enorme. Al menos, comienza con uno barato. En cuanto quieras tomártelo en serio tendrás que ir a algo un poco más profesional.

¿Por qué es determinante el hosting? Al menos debe ser "decente", es decir, que garantice la disponibilidad de tu sitio online (que no se caiga constantemente), y te ofrezca un espacio suficiente para la instalación de toda tu tienda online, sus imágenes, etc. A partir de ahí, querrás que sea cuanto más rápido mejor. La rapidez es importantísima para que los clientes que lleguen a tu sitio no se vayan de inmediato, dado que los usuarios de hoy en día no son nada pacientes. **Un comercio en el que cada página tarda en cargar ofrece una experiencia malísima** y eso afectará a tus ventas.

Además, hay otro aspecto importante: A Google también le gustan las páginas rápidas. Como veremos en el capítulo de SEO, Google diseña su algoritmo de búsqueda mostrando en los primeros puestos de búsqueda aquello que cree que más le va a gustar o interesar al usuario. Y como sabe de sobra que cuando un usuario llega a una página lenta se va, directamente las muestra en posiciones más alejadas. Si Google no te quiere, nadie llegará a tu tienda. En el comercio electrónico en España, lo primero es que te quiera el cliente y casi lo primero es que te quiera Google. Aprenderás a mimarlo como a un hijo.

En mi caso, como comencé con una página estática y sin demasiada expectativa, contraté un servicio que es adecuado, pero no profesional. Si tu idea es empezar a construir la web, ir aprendiendo, y tomar contacto, puedes empezar con algo así.

En muchos sitios te abrumarán con ofertas en base al espacio físico que te ofrecen. 50Gb, 200Gb, etc. No te agobies. Con 5Gb de espacio, tardarás muchísimo en quedarte corto. La instalación de la tienda online con cientos de productos no te llevará ni la mitad de esos 5GB. Lo importante del hosting es si te ofrece un servidor dedicado o compartido, cuanta memoria y uso de CPU tienes garantizado o limitado para ti, velocidad de acceso a base de datos... información que, en los sitios más baratos, ni siquiera te ofrecen.

Si quieres comenzar por lo básico y luego avanzar, puedes ver en *one.com* planes muy asequibles, y ofrecen mucha facilidad para la instalación de la tienda online. Yo empecé así y luego lo migré a un hosting más profesional.

Para algo serio, con un **buen rendimiento**, con el que quieras enamorar a Google y a tus clientes, te recomiendo ver *webempresa.com* o *raiolanetworks.es*. Yo contraté con este último, tienen un servicio de soporte muy bueno, contestan rápido y con mucha claridad cuando tienes algún problema. Tienen un blog donde te ayudan con mucha información. El Panel de Control es muy intuitivo, y tienen todos los servicios que vas a poder necesitar.

Podrás contratar el servicio que desees en función del presupuesto que quieras dedicar. Mi recomendación es que comiences con un Hosting SSD básico. En torno a 80€ al mes, será lo suficientemente profesional para iniciar. Con el software de tu ecommerce muy optimizado (como te voy a explicar más adelante), con este servicio conseguí tiempos de carga de la web de menos de medio segundo, con docenas de imágenes. Suficiente si no eres la tienda online de Zara.

Ahora bien, si tu negocio va bien, tienes muchas visitas diarias, y la cosa se pone interesante, te puedes pasar a un servidor VPS (Servidor Virtual Privado) o, incluso, a un servidor dedicado. La principal diferencia cuando contratas VPS es que, aunque estés compartiendo una máquina con otros usuarios, te garantizan un uso privado de determinados recursos (Memoria RAM, CPU, etc.) lo que te garantiza un rendimiento mínimo para ti solo. Es decir: Tienes un servicio más eficiente que en un Hosting SSD donde se comparte todo y en ocasiones puedes tener alguna otra limitación.

La contratación del servicio de hosting es muy sencilla y en pocos clics tendrás tu cuenta creada y lista para comenzar a trabajar.

2.1.2. El Dominio

El dominio será la dirección web de tu comercio (www.*tudominio.com*) y es una decisión trascendental.

Tu dominio va a ser tu dirección, tu marca, tu presencia en internet. Lo vas a tener que cuidar, que mimar. Con el paso del tiempo, tu dominio se va a ir ganando una reputación ante Google, en base al cual te mostrará en su buscador en una u otra posición. Como veremos en el capítulo de SEO, tu dominio irá adquiriendo una **Autoridad de Dominio**, que es una calificación que va de cero a cien, en función de determinados factores.

El dominio que elijas será el que luego publicites en tus redes sociales, en tu tarjeta de contacto, e todos los elementos que entregues físicamente a los clientes. Por tanto, lo ideal es que sea fácilmente memorizable. Evita que tenga guiones ni caracteres especiales. Algo sencillo.

Tendrás que elegir la terminación *.es*, *.com*, u otras muchas que han surgido. Hoy en día hay dominios como *.tienda*, *.ninja*, *.hotel*, cientos de terminaciones. Aunque en alguna guía podrás leer lo contrario, lo cierto es que a google no le importa tanto el tipo de terminación. Mi recomendación es que elijas la que quieras, pero que en cualquier caso registres también la terminación ".com" y la ".es" si vas a tener negocio en España, así como aquellas terminaciones de los países en los que quieras operar. Si por ejemplo te encanta el *.ninja* porque para tu tipo de negocio queda muy bien (www.tudominio.ninja), registra también el *.es* y *.com* para evitar que un competidor lo registre y cree una página similar a la tuya confundiendo a clientes y usuarios.

Los dominios tienen un precio distinto en función del tipo de terminación. La mayoría de servicios de hosting incluyen el registro de uno o más dominios en el precio. Te recomiendo que uses el registro gratuito que te va a ofrecer el sistema de hosting para registrar una de las terminaciones que necesites, y el resto las registres en servicios como *godaddy.com* que tienen precios muy asequibles.

Elegirás tu dominio principal, el que va a tener el contenido de tu web, el que vas a publicitar y en el que vas a trabajar su autoridad de dominio. Este es el que debes configurar para que apunte a tu web, y el resto puedes redireccionarlos al primero.

Pongamos por ejemplo que tu comercio se llamase *tiendabonita* y decides que vas a usar como dominio principal el terminado en .com. Mi recomendación sería:

- Registrar tiendabonita.com y apuntar los DNS a tu tienda
- Registrar al menos tiendabonita.es y hacer una redirección 301 a tiendabonita.com

¿DNS? ¿Redirección 301? Vayamos por partes.

- El DNS, o Sistema de Nombres de Dominio, es el sistema que se utiliza en internet para poder identificar donde se encuentra el contenido asociado a un nombre de dominio. Por ejemplo, si has contratado tu hosting en raiolanetworks.es, tendrás en sus servidores tu tienda, tus productos, tu información. Pero cuando alguien escriba en su navegador *tiendabonita.com* ¿Cómo llega al contenido que tienes en *raiolanetworks*? Esto se consigue mediante la traducción a números IP que hace este servicio DNS. Por ello, tu servicio de hosting te dará los números DNS que identifican tu alojamiento, y tu servicio de registro de dominio te dará las opciones para configurarlo.

- Redirección 301. Los dominios que no vayas a utilizar, sino que registras para que otros no usen, los puedes redirigir. Así, cuando alguien escriba *tiendabonita.es* el navegador le llevará a *tiendabonita.com*. Hay distintos tipos de redirección, debes usar la 301 que es la que le dice a Google que la redirección es de forma "permanente". Si tu dominio ya tuviese reputación en internet, una autoridad de dominio, su reputación se trasladará en gran medida a través de una redirección 301. Tu servicio de dominios te ofrecerá este tipo de configuraciones.

En mi caso, cometí el error de registrar un dominio muy largo, con un guion en medio, que resultaba complejo de recordar. Así que pasado un tiempo lo cambié por otro más corto, sencillo, sin guiones, memorizable. Redireccioné el antiguo al nuevo dominio. No fue muy traumático, pero el nuevo dominio debe comenzar desde cero a ganarse su reputación virtual, su autoridad de dominio, por lo que todo el trabajo previo con mi anterior dominio lo perdí en gran medida, ya que la redirección 301 traslada parte de ese *poder* pero no lo hace en su totalidad. Así que no cometas el mismo error, y selecciona un buen dominio desde el primer momento.

2.1.3. Woocomerce.

El siguiente paso será seleccionar qué software utilizar para crear tu ecommerce. Hay tres grandes soluciones gratuitas y potentes para ello: **Magento, Prestashop** y **Woocommerce**. Podrás encontrar cientos de comparaciones entre ellas *googleando* un poco, con fervorosos seguidores y detractores para cada una de ellas. Mi conclusión fue que las tres ofrecen una buena solución, y por las conclusiones que saqué y dejándome llevar un poco por mi intuición, decidí instalar Woocommerce. No te voy a afirmar que es la mejor, pero es la que usé y sobre la que te puedo dar una opinión.

Me ha ido muy bien con Woocommerce. Lo que más destaco, es que hay miles de plugins con los que fácilmente puedes añadir funcionalidades a tu ecommerce con sólo un par de clics y de forma gratuita. Existe una comunidad de desarrolladores enorme. Cada vez que hay alguna novedad en el mundo del ecommerce, alguien desarrolla rápidamente un plugin para Woocommerce. No sé si será la mejor plataforma, pero sin duda **es una muy buena plataforma**.

Otra cosa que me encanta de woocommerce es que el software está muy bien estructurado y es muy fácil de interpretar. Si tienes nociones de programación, te será muy sencillo hacerle cambios personalizados directamente sobre el código de sus páginas *php*. Pero si no sabes programar, no te asustes, con la instalación de plugins y un par de configuraciones, tienes todo lo que necesitas.

Una vez te decantas por una u otra plataforma, un cambio será complicado ya que significará empezar casi de cero, por lo que es una decisión importante. Además, te pasará lo que a mí, que te conviertes rápidamente en un casi experto de la plataforma, pero desconoces las entrañas del resto, por lo que la curva de aprendizaje habría que volver a transitarla en caso de querer cambiar de plataforma. Mi recomendación: lánzate al woocommerce porque va fenomenal, es sencilla, y tienes de todo.

Woocommerce en sí mismo también es un plugin que se instala sobre Wordpress. Es decir, los pasos son estos:

- Instala la última versión de Wordpress en tu Hosting. Wordpress es un sistema tan extendido (sirve para crear un blog, además de poder instalarle woocommerce y otros miles de plugins), que la mayoría de los servicios de hosting han decidido ponérselo fácil a los usuarios. Por ello, todos los que he recomendado en el anterior capítulo, te ofrecen instalarlo con un solo clic. Desplegarán el software en tu hosting, y ya podrás entrar a administrar su Wordpress accediendo a través de www.tudominio.com/admin. Sin complicaciones.

- Una vez tienes tu Wordpress instalada, desde el panel de administración, tienes que ir a Plugins, buscar woocommerce y darle a instalar y activar. Hay cientos de guías en internet que te explican paso a paso, pero es la cosa más sencilla del mundo.

Y en sólo un par de clics, en unos minutos tienes tu Wordpress + Woocommerce en funcionamiento, listo para un sinfín de cambios, para que le pongas tu estilo, tus productos, ¡docenas de nuevas funcionalidades! Pero no te agobies, que vamos a ir poco a poco.

Aquí indico por encima cuáles son los aspectos básicos, pero con poquito tiempo que dediques a navegar por el panel de administración rápidamente te harás con el sistema.

- *Entradas*

Wordpress está preparado para crear fácilmente un Blog. El sistema de entradas viene por defecto, antes incluso de que instales el plugin de woocommerce. Aquí podrás publicar entradas para el Blog que muy recomendablemente tendrá que tener su sitio web. En el capítulo de posicionamiento web te explicaré las ventajas de disponer del blog.

- *Páginas*

Son las páginas estáticas de tu sitio web además de las plantillas que usa woocommerce. Woocommerce creará por defecto varias páginas, como la de *"mi cesta"*, *"finalizar pedido"*, o *"mi cuenta"*. Esas páginas no tienes por qué tocarlas. Se creará también la página de *"Términos y condiciones"* que tendrás que editar con las condiciones de tu negocio. Aquí podrás crear otras páginas estáticas necesarias como *"quienes somos"*, *"contacta con nosotros"*, *"donde estamos"*, etc. en las que podrás escribir tu contenido e imágenes.

- *Productos*

En este apartado es donde estarán tus productos. Desde aquí podrás añadir nuevos productos, gestionar su stock, etc. Los productos los puedes agrupar por categorías. Tienes muchas opciones, como gestionar el inventario, establecer su peso si quieres después establecer gastos de envío en función del peso, o establecer productos "cruzados", aquellos que se sugerirán al cliente cuando esté comprando tu producto.

- *Plugins*

Los Plugins para woocommerce son **el verdadero valor de este sistema**. Cientos, miles de funcionalidades gratuitas que podrás incorporar fácilmente.

A lo largo del libro iré recomendándote distintos plugins para las funcionalidades que te presento.

Instalar un plugin es muy fácil. En la administración de Wordpress, dirígete a *plugins -> añadir nuevo*, buscas el plugin que necesitas y cliqueas en *instalar y activar*. Como ves, no es necesario saber de programación para incluir nuevas funcionalidades a tu woocommerce.

2.1.4. El *Tema* de tu ecommerce. La importancia del *Mobile First*.

Lo siguiente que necesitarás es elegir el **Tema** para tu woocommerce. Un tema es un conjunto de reglas que define el estilo de tu ecommerce: el tipo de letra, los colores, el diseño de tus páginas, los gráficos por defecto, el tamaño y estilo de los menús, etc. Esto por suerte no es necesario diseñarlo desde cero y programarlo, basta con seleccionar un tema e instalarlo. El tema configurará todo esto por defecto.

Existen numerosos temas gratuitos para tu woocommerce. En mi caso, seleccioné uno gratuito que me encanta y tiene un aspecto muy profesional. Si quieres invertir algo en esto, es una posibilidad, puedes encontrar temas muy trabajados y con un aspecto sorprendente por poco dinero.

Es bueno **dedicar tiempo a seleccionar el tema**. El estilo debe ir acorde a tu tipo de negocio. Cambiarlo más adelante no será del todo complejo, pero además de darte algún dolor de cabeza, puede confundir a los clientes que ya tengas fidelizados por encontrar algo totalmente distinto a lo que estaban acostumbrados. Por eso mejor decidirlo con calma y cuidadosamente.

En la administración de Wordpress, en *Apariencia -> Temas -> Añadir nuevo tema*, podrás hacer la instalación en un par de clics. Podrás seleccionar uno de los disponibles, o subir el que hayas descargado de algún *site* gratuito o de pago.

Lo que es imprescindible, y pon mucha atención, es que tu tema sea **compatible con dispositivos móviles**. Esto quiere decir que cuando alguien accede a tu sitio desde un teléfono móvil, Tablet, etc. tu tema adapta todos los tamaños, estilos, etc. para que tu web se adapte al tamaño de la pantalla del dispositivo y ofrezca una experiencia agradable.

Esto, que hace unos años era importante, ahora es imprescindible. Durante toda la construcción del ecommerce debes adoptar un pensamiento *"mobile first"*. Esto viene a significar que cualquier cosa que hagas, cualquier funcionalidad que incluyas, cualquier imagen, y sobre todo tu tema, debes pensar primero cómo se ve y se usa en un dispositivo móvil, y luego preocuparte si se ve bien o no en un PC. Hacerlo al revés, trabajar en tu sitio para desktop y luego adaptarlo al móvil, no trae más que problemas y al final lo harás mal, tendrás algo bonito para PC y con defectos para dispositivos móviles, y eso es un gran error.

En los años que vi crecer nuestro ecommerce, 2015-2020, he observado como el tráfico web ha ido creciendo en dispositivos móviles, hasta resultar casi residual el número de clientes que se conectan desde su PC. Y esto no es algo particular de nuestro caso, es una tendencia general que se repite y va en crecimiento. Si el tipo de cliente de tu nicho de negocio todavía se conecta desde PC, es cuestión de tiempo que comience a generarse una tendencia a conectarse desde teléfono o Tablet. Así que tenlo siempre, siempre presente: diseña y crea para el teléfono, y luego adáptalo al PC.

Así que si ya has elegido tu tema, y has probado que funciona a la perfección en dispositivos móviles, ya tienes un ecommerce precioso y listo para comenzar a optimizarlo y llenarlo de funcionalidades.

2.1.5. Principales Configuraciones para un buen rendimiento

Un aspecto quizás no muy divertido pero esencial es que tu software esté optimizado, que tu ecommerce cuente con todos los aspectos técnicos que le hagan ser **veloz, estable, y atractivo para tus clientes**.

Cuando comencé con nuestra tienda online no tuve en cuenta ninguno de estos aspectos, la tienda cargaba lenta y Google me veía como lo que era, un principiante en la red. Por ello os dejo estos consejos básicos, para que podáis implementarlos desde el inicio y así ganaros más rápidamente una buena reputación virtual.

Con estos consejos, mi página carga <u>en menos de medio segundo</u> y con muchísimas imágenes.

- *Imágenes optimizadas*

Imprescindible. Usarás imágenes de mucha calidad (o eso debieras hacer), pero tienen que estar muy optimizadas para que ocupen el menor espacio posible. Es decir, la relación perfecta entre una visualización perfecta en la pantalla del usuario, y el menor peso posible en Kb para que la página cargue muy rápido. Si tienes una página con 10 imágenes y cada una de ellas de 3Mb, tu página tardará tanto en cargar que tu cliente se irá.

Como para todo lo que uno necesita, en woocommerce hay un plugin que lo hace por ti. De hecho, hay varios que lo hacen. Te recomiendo instalar por ejemplo **EWWW Image Optimizer.** Su versión gratuita tiene todas las funcionalidades que necesitas. Su configuración es muy sencilla, y una vez lo tengas, te despreocupas totalmente por las imágenes. Tú subes tus imágenes de productos con el tamaño que quieras, y este plugin se encarga de generar las versiones adecuadas para tener imágenes optimizadas y mostrarlas al cliente con un peso mínimo y una rapidez de carga optimizada.

En los últimos años han nacido nuevos formatos de imagen mucho más potentes respecto a su mínimo tamaño y buena calidad de imagen. Uno de los que están más de moda es el **webp** (Google Web Picture files), que al estar creado por Google, mi intuición me dice que le va a gustar que los utilices. Los nuevos formatos a veces tienen incompatibilidades con determinado tipo de navegadores. Pero no te preocupes, no necesitas sumergirte demasiado en estos aspectos, ya que el plugin que te he recomendado mostrará el mejor formato de imagen para el navegador que utilice el cliente. Tendrás las mejores imágenes sin preocuparte de nada más que instalar y configurar tu plugin y subir las imágenes en calidad alta en tu panel de administración.

- *Caché*

Este es otro aspecto indispensable, sencillo de implementar, y que dará una velocidad enorme al tiempo de carga de tu tienda online. Sin entrar en aspectos demasiado técnicos, lo que consigues con un buen plugin de caché es reducir los tiempos de procesamiento y carga de las páginas.

Por explicarlo sencillo, o al menos intentarlo, cuando un cliente selecciona uno de tus productos para ver el detalle, tu tienda genera la página de producto a partir de un código de programación, busca las imágenes, aplica los colores del estilo, etc. y la sirve. Eso le lleva un tiempo de procesamiento. Al disponer de un sistema de caché, lo que hace tu tienda es guardar una copia de la página ya generada en tu servidor, y cuando otro cliente solicite verla, no la generará de nuevo, sino que servirá directamente esa copia ya generada. Mientras no haya cambios en tu ecommerce, podrá mostrar la página del caché mucho más rápido que generarla en cada clic de cada cliente que lo solicita.

Por otro lado, el sistema de caché permitirá que en el dispositivo del cliente se vayan almacenando contenidos de tu web a medida que navega por ella, a través de ficheros temporales, de modo que si decide pasar por una parte que ya navegó, no la carga desde inicio de tu servidor.

Todos estos aspectos, y otros más técnicos, hacen que la velocidad de navegación por tu sitio web aumente drásticamente y la experiencia de usuario mejore de forma muy significativa.

Hay distintos plugins que te permiten establecer un buen sistema de caché. Te recomiendo **W3 Total Cache**, su versión gratuita es muy potente y con toda la funcionalidad que vas a necesitar. Una vez instales y actives tu plugin, la configuración puede parecer un tanto compleja pero tienes muchas guías disponibles que te explican cómo establecer una configuración estándar.

- *CdN (Content Delivery Network)*

Cuando descubrí esto no lo podía creer, y establece un cambio enorme en la velocidad de carga de tu página. Os cuento qué es esto de un CdN, los sistemas de distribución de contenido o *content delivery network* por sus siglas en inglés.

Para empezar, es necesario entender cómo funciona tu servidor de hosting. Cuando un cliente accede a una de tus páginas, comienza a enviarle todo el contenido. Y esto se hace de elemento en elemento. Es decir, le envía el código de la página, los estilos, y las imágenes, primero una, luego la siguiente, hasta que envía todas. De una en una. Esto lleva un tiempo, que será más o menos rápido en función de todo lo que ya vimos (optimización de imágenes, sistema de caché, etc.)

Un CdN es un sistema de servidores repartidos por todo el mundo en el que puedes almacenar tus imágenes. Cuando un cliente acceda a una de tus páginas, tu servidor enviará el código de la página, los elementos de estilo, etc. y automáticamente los CdN enviarán las imágenes que corresponden. Todo transparente para el usuario, pero ha recibido las cosas a la vez. En lugar de enviar elemento tras elemento desde tu servidor, tras su petición comenzó a recibir el contenido desde distintos servidores todo a la vez, cargándose rápidamente el contenido. Increíble, ¿verdad?

Y te preguntarás qué costo tiene esto… pues sorprendentemente te puedo recomendar un sistema gratuito y que funciona muy bien: *Cloudfare*. Puedes darte de alta en Cloudfare, y configurar tu sistema CdN desde el propio plugin *W3 Total Cache* que te recomendé anteriormente.

Caché, CdN, Optimizador de imágenes… parece que se pone la cosa muy técnica. No te preocupes, lo podrás configurar todo muy fácil, y con estas configuraciones pasarás de tener un negocio lento propio de un principiante a un sistema veloz propio de grandes corporaciones.

- *AMP (Accelerated Mobile Pages)*

El AMP (*Accelerated Mobile Pages*) es algo que estás usando continuamente como usuario aunque quizás no lo hayas notado, cuando navegas desde un dispositivo móvil.

Es una iniciativa de Google, por tanto deberás implementarlo y usarlo, ya que recuerda que a Google hay que mimarlo, y darle siempre la razón, ya que es quien decidirá si posiciona o no tu ecommerce y el que decidirá si los usuarios llegan o no a tu negocio.

Este sistema lo que hace es crear versiones de tus páginas super-optimizadas para un dispositivo móvil, de forma que Google lo almacena en su caché y lo muestra al usuario de forma muy rápida. Está bien para páginas estáticas de contenido, como puede ser tu página de términos y condiciones, política de privacidad, o las páginas de tu blog, del que luego hablaremos. Para las páginas de productos, de proceso de compra, o de visualización de catálogo, el AMP no es adecuado ya que limita muchas funcionalidades que son imprescindibles.

Como todo en woocommerce, disponer de tecnología AMP en tu sitio web será cuestión de minutos con una simple instalación de un plugin. En este caso, te recomiendo el plugin *"Páginas móviles aceleradas"*. En el apartado de configuración, podrás indicar qué tipo de páginas quieres que se sirvan en formato AMP cuando un usuario accede desde un dispositivo móvil (te recomiendo indicar sólo las entradas de tu blog) así como los colores y estilo que deseas mostrar.

Aunque hay lecturas que dicen lo contrario, pienso que google acaba premiando que una página tenga versión AMP para mostrarla más arriba. Aunque sólo sea porque por velocidad de carga ha ganado algunos puntos. Por tanto, la estrategia de posicionar lo máximo posible las páginas de tu blog, para captar tráfico y, por tanto, potenciales clientes, es una opción que no debes descuidar.

- *Otros Tips para mejorar tu rendimiento*

Te dejo unos últimos consejos de ajustes que me vinieron muy bien para acelerar al máximo el ecommerce:

- *Plugin WP-Optimice*. Te permite optimizar tus bases de datos sin tener ningún conocimiento de base de datos, con un simple botón en el que indicas "ejecutar optimización". Si estás usando el W3 Total Cache, te aconsejo desactivar el resto de opciones de este plugin.

- *Plugin WP Disable*. Te permite deshabilitar opciones de woocommerce y wordpress que no utilices y que ralentizan el site, como emojis, determinados javascripts, etc. además de descargar asíncronamente cosas que no necesites como determinadas fuentes o scripts.

- *Plugin Attachment Pages Redirect*. Este es un aspecto muy técnico que evita que Google interprete que hay páginas duplicadas en woocommerce y te penalice. Basta con instalarlo y activarlo.

- *Plugin Heartbeat Control by WP Rocket*. El heartbeat WordPress es una serie de funcionalidades para cuando estás editando, que ejecuta control de versiones, autoguardado de páginas, etc. Esto consume mucho rendimiento del servidor y puede ralentizar la página. Con este plugin, puedes limitar estas funciones o directamente deshabilitarlas. Yo las deshabilité y he configurado y actualizado todo sin problemas y con mayor eficiencia hacia los usuarios.

2.1.6. Cómo medir si tu ecommerce es veloz

Has configurado todo lo que has leído aquí y otras cosas que has aprendido por el camino, pero el ecommerce es algo vivo y continuamente hay algo que se puede romper. Es importante comprobar periódicamente que tu sistema es veloz y que todo está en orden.

Hay muchos métodos para testear tu web, te recomiendo los que más utilizo.

- *Pingdom tools*

En este sitio web puedes medir la velocidad de carga de tu web de forma gratuita. Además, te dice el tiempo de carga de cada uno de los elementos, y si detecta algún error de base te ofrece consejos para optimizarlo. Herramienta básica para usar continuamente.

Lo tienes accesible en https://tools.pingdom.com/

- *PageSpeed Insights de Google*

Personalmente no me ha ofrecido grandes conclusiones. Pero como te repito, lo que hace Google hay que venerarlo. Por tanto, es importante comprobar que tu página tiene una buena puntuación según *PageSpeed* y atender a las recomendaciones que pueda darte. Piensa que es una forma de comprobar cómo te ve Google en cuanto a velocidad de carga.

Lo tienes accesible en
https://developers.google.com/speed/pagespeed/insights/?hl=es

2.2. El posicionamiento web.

Como mencionaba mientras recordaba el desarrollo de los premios del Día de Internet, una web perdida en internet no atrae clientes, es como un escaparate precioso en una calle donde nunca pasa nadie ni va a pasar.

Construir un ecommerce es relativamente sencillo, como hemos visto en el capítulo anterior. Pero conseguir tráfico hacia tu ecommerce, que los clientes lleguen a tu sitio web y compren tus productos, eso es una tarea bien compleja.

Respecto al tráfico que llega a tu web, podemos distinguir dos grandes tipos: **tráfico orgánico y tráfico de pago**. El tráfico orgánico es aquel que llega de forma genuina, gratuita. El tráfico de pago es aquel que consigues pagando, invirtiendo en marketing digital.

Durante este capítulo, de posicionamiento web, nos centraremos en cómo conseguir tráfico orgánico. Este tráfico puede llegar por diferentes vías, pero en España hay una vía que va a eclipsar a todas las demás en la gran mayoría de los casos: **el buscador Google**. La siguiente fuente más destacable probablemente será aquel que llega desde tus redes sociales, usuarios que llegan a tu web a través de una publicación que has hecho en tus perfiles de Facebook o Instagram. Habrá una última fuente de tráfico que serán aquellos usuarios que llegan a través de un enlace que han visto en un blog, un directorio, o una noticia, en base a tu capacidad de generar enlaces, de la que también hablaremos.

Pero el abrumador porcentaje de tráfico orgánico llegará a través de las búsquedas de Google. Y una cosa es clara, los sitios web que aparecen a partir de la tercera página de Google, la gran mayoría de las veces ni las ves. Te fijas en las que salen primero, como mucho los 10 primeros sitios que aparecen en la primera página, y accedes a una de esas entradas. Por tanto, posicionarte en Google es la clave para tener tráfico. Hablemos un poco de cómo posicionarte.

2.2.1. Aspectos básicos del SEO

El SEO (Search Engine Optimization) es todo un arte, te diría que es una profesión. Es el conjunto de reglas y acciones a implementar para conseguir estar en las primeras posiciones de los buscadores. Y cuando hablamos de buscadores, en España y en la mayoría de los países occidentales hablamos de Google.

Existen profesionales del SEO y agencias de internet que podrán ofrecerte una colaboración profesional. Implementar las técnicas SEO de forma correcta harán que llegue tráfico a tu web, y si tu producto, precio y condiciones son buenas, llegarán las ventas.

No contraté ningún servicio SEO, sino que fui implementando aquello que he ido aprendiendo de otros, y que trataré de resumir en este capítulo para que te sirva en tus inicios.

Yo creo que hay una regla básica y que muchas guías de SEO obvian. Google es una empresa puntera, con profesionales de mucha categoría que saben hacer las cosas bien. Y su propósito es que su buscador muestre en las primeras posiciones aquello que va a interesar más a la persona que está buscando. Por tanto, cuando empieces a volverte loco con el SEO onpage, palabras clave, etc. piensa en si lo que estás publicando interesará a tu público objetivo o no. Porque Google se va a esforzar en analizar todos los indicadores posibles para detectar si es contenido que interesa o no interesa, y en base a eso lo posicionará.

El algoritmo de Google analiza cientos de factores y los pondera. Y aunque algunos *blogueros* te digan que saben cómo funciona, la verdad es que nadie a excepción de los ingenieros de Google sabe exactamente cómo funciona. Pero sí sabemos algunas pistas, por lo que en la medida de lo posible, debemos aprender a cuidar estos elementos:

- *Palabras clave*. Se trata de cómo Google interpreta de qué trata la publicación, para mostrarlo cuando alguien busca esas palabras. En esto podemos ayudarle al buscador, en el siguiente apartado te explico cómo.

- *Velocidad de carga*. A los usuarios no les gusta las páginas lentas, por lo tanto Google las penaliza. Pero ya hemos aprendido a tener un ecommerce muy veloz.

- *Tasa de conversión*. Cuando el buscador muestra tu sitio web, mide cuántas veces los usuarios acceden a él. Si tras mostrarlo repetidamente en las opciones de búsqueda observa que los usuarios no acceden, interpreta que no interesa. Para esto te mostraré cómo hacer que la visibilidad en Google sea atractiva, y cómo medir la conversión en search console.

- *Tasa de rebote*. Marca la cantidad de usuarios que llegan a tu sitio y en cuanto llegan salen corriendo, sin navegar por tu sitio. Si la tasa de rebote es alta, eso le indica a Google que algo no va del todo bien.

- *Tiempo medio* que dedica el usuario en tu sitio web. A mayor tiempo medio, más interés indica al buscador que existe.

- *Número de enlaces a tu sitio web y su calidad*. Para esto he escrito un capítulo específico relacionado con el *linkbuilding*. Cuantos más sitios de calidad apunten a tu sitio web, más credibilidad ganas ante el buscador.

- *Conversación* en redes sociales. Si se habla mucho de ti, será que generas interés.

- *Actualización de tu sitio web*. Google sabe la última vez que ha habido cambios en tu sitio web. Un sitio que lleva semanas sin modificaciones transmite que no hay mucha actividad.

Adicionalmente a estos ejemplos, hay otros cientos de elementos que usa Google para interpretar si tu sitio será o no de interés para el usuario que está buscando información.

Uno de los aspectos interesantes y que influirán de forma determinante en tu SEO es la **Autoridad de Dominio**, DA por sus siglas en inglés (*Domain Authority*). Este valor, que va en una escala no lineal de 0 a 100, mide la reputación de tu dominio en internet. Está basado, entre otras cosas, en la cantidad y calidad de enlaces que existen hacia tu sitio web, aunque de forma menos determinante influyen otros factores como la antigüedad del dominio.

El DA es un valor que genera MOZ, puedes consultar 10 veces gratuitas cada mes a través de https://moz.com/link-explorer. Además de decirte cual es el valor de tu sitio web, la versión gratuita ofrece información limitada sobre los enlaces que apuntan a tu web y su reputación, los enlaces que más te están penalizando o aquellos que están aportando una mayor fuerza en tu Autoridad de Dominio.

También puedes observar tu **spam score**, otro valor a cuidar, que indica en qué medida tu sitio web es considerado un sitio de spam (muy malo para tu SEO). Por ejemplo, si tu sitio tiene muy poco contenido y muchos enlaces salientes, podría considerarse un indicador de que se trata de una granja de enlaces y crecer así el *spam score*. Si muchos sitios con un *spam score* alto apuntan a tu comercio, será otro indicador que penalice tu *spam score*.

Sin pretender convertirnos en expertos SEO, veamos qué aspectos debemos cuidar en la utilización de **palabras clave**, en los indicadores básicos de **SEO Onpage**, cómo generar **contenido de calidad** y cómo establecer una buena estrategia de **linkbuiding**.

- *Palabras clave.*

Me gustaría repetir lo fundamental: escribe para tu lector. Pero después, debemos pensar un poquito en que también Google lo va a leer, y ponérselo fácil.

Cuando uno habla de palabras clave, lo que busca es qué palabras le gustaría posicionar. Imaginemos que tienes un comercio de caramelos. Si pretendes que en poco tiempo, cuando alguien busque en Google "caramelos", aparezca tu página de primera, lo vas a tener complicado. Porque hay muchísimas empresas que llevan mucho tiempo trabajando su ecommerce, su SEO, su autoridad de dominio, sus enlaces... para estar los primeros. Ahora bien, si tienes por ejemplo unos caramelos de licor de jerez, puedes intentar posicionar "caramelos de licor de jerez", para que cuando alguien busque esto llegue a tu página.

Para saber si la palabra clave que vas a intentar posicionar tiene público o no, puedes utilizar la herramienta gratuita de Google **Keyword Planner**. Con ella, puedes medir la cantidad de búsquedas mensuales que existen para esa palabra. También podrás ver si las empresas se están peleando por conseguir ese tráfico, eso te lo indica si tienen un valor alto de puja (lo veremos en el capítulo de marketing digital).

Una vez hayas encontrado la palabra clave que quieras posicionar, porque tiene un volumen de búsqueda razonable y poca competencia, se trata de darle peso en tu contenido, para que Google sepa que estás ofreciendo contenido de interés relacionado con esa búsqueda.

Se trata de cuidar aspectos que se llaman de "SEO Onpage", aquellas que cuidas en tu propia página. Por ejemplo, en la página del producto o la entrada del blog en el que vas a hablar de estos caramelos, deberás poner como título, en H1, "caramelos de licor de jerez". Y posteriormente, en subtítulos, combinaciones como "caramelos de licor", "el licor de jerez", etc. para que en el conjunto del artículo Google tenga clarísimo que estás hablando de "caramelos de licor de jerez". Esto es todo un arte.

Para terminar de **darle fuerza a tu palabra clave**, será bueno que existan enlaces, tanto en tu sitio web como en otros sitios de calidad y temática relacionada, cuyo "ancla" sea la palabra clave y apunte a la página que estás posicionando. El ancla es la palabra que contiene el enlace, la que pinchas y te lleva a otra web. Es decir, artículos en los que al hablar de "caramelos de licor de jerez", estas palabras estén linkeando con tu página.

- *Seo Onpage.*

El Seo Onpage me gusta definirlo como el conjunto de cuidados que debemos tener en nuestra propia página y nuestro sitio web para optimizar al máximo el posicionamiento. Ya hemos visto algo de las palabras clave, pero hay otros muchos elementos a tener en cuenta.

Para nuestro woocommerce, existe un plugin que facilita mucho las cosas, *All in One SEO*. Estas son algunas de las funcionalidades que nos permitirá:

- Configurar el *sitemap*. El sitemap no es más que un esquema de todas las páginas que hay en nuestro sitio web, para que Google las encuentre rápido, para ponérselo fácil. Este plugin nos genera el *sitemap* de forma bien estructurada y avisa a los buscadores. También puedes subir tu *sitemap* a través de Search Consolte, del que hablaremos con más detalle en el próximo capítulo.

- Establecer el **título** de tu sitio web, su **descripción**, y cuáles son las **palabras clave** de tu ecommerce, para darle más pistas a Google

- Configurar cuáles son tus **perfiles en redes sociales**. De ese modo, el buscador tendrá claro qué perfil de Facebook, Instagram, Twitter, Youtube, etc. están asociados a tu comercio electrónico.

- Establecer cómo se visualizarán en Google tus páginas. Ajustando esto bien, con mensajes llamativos para el usuario, conseguirás mejorar la tasa de conversión (número de veces que el cliente hace clic en tu sitio cuando Google lo muestra)

- Cada vez que publiques un producto o una entrada, tendrás un panel disponible para especificar **el título** de la página, **la descripción**, **las palabras clave**, así como el texto que quieres que se muestre en el buscador, la apariencia cuando se comparta la página en redes sociales, etc. Es decir, podrás ajustar todos los elementos básicos de SEO Onpage antes de publicarlo, de forma sencilla y sin olvidarte de nada.

- Configurar las URL de tu comercio electrónico para que sean *amigables* e incluyendo tus palabras clave favoritas.

Este plugin te ayudará por tanto a configurar fácilmente los aspectos generales del comercio además de facilitarte mucho la vida a la hora de cuidar aspectos básicos de SEO Onpage **en cada una de tus publicaciones**, tanto las entradas en el blog, páginas estáticas, como productos. Cada página tendrá su descripción, sus palabras clave, sus elementos básicos para que Google te adore.

- *Blog*

Reconozco que tardé mucho en incluir un Blog en el ecommerce. Leía en numerosas guías la importancia de tener un Blog, pero yo me resistía. Mi ecommerce estaba hermoso, para qué crear un Blog que me obligase a actualizar contenido constantemente. Error. Tremendo error. El Blog es una herramienta muy poderosa para atraer tráfico orgánico, para generar enlaces, para posicionar tu ecommerce, y lo comprobé sobre la marcha. Así que **no cometas el mismo error y créalo desde el principio.**

Basta que añadas en algún sitio de tu ecommerce, en un menú, la página de Publicaciones de Wordpress, y comiences a publicar entradas. Piensa que el objetivo no es que un cliente que llega a tu sitio web se ponga a leer tus publicaciones, el objetivo es conseguir que alguna de esas publicaciones capte interés, enlaces, y se posicione muy arriba en las búsquedas de google. Luego, **tendrás que aprovechar que el usuario ha llegado a tu blog y convertirlo en cliente.**

Imagina por ejemplo que tu comercio vende semillas de plantas. En tu Blog, puedes crear un post relacionado con cómo conseguir que las semillas de los tomates cherry generen rápido una bonita planta llena de tomates. Un post de mucha calidad, con mucho texto de valor, consejos prácticos, imágenes, quizás hasta un pequeño video tutorial. Si lo haces bien, si usas bien las palabras clave en los encabezados, si los clientes que llegan lo leen con atención dedicando tiempo, si consigues que algún otro sitio te enlace, etc. Google podría posicionarte en las primeras posiciones cuando alguien busque *"cómo plantar semillas de tomate cherry"*. Entonces comenzará a llegarte tráfico orgánico, del gratuito, de personas que estaban buscando cómo plantar semillas de tomates cherry. Y al final del post, les comentas los estupendos precios que tienes con un enlace a tu producto. ¡Funciona!

La semana siguiente podrías publicar cómo podar determinado tipo de plantas, como regar las plantas de interior, etc. y vas creando contenido de calidad que vas posicionando en Google para atraer clientes a tu tienda de semillas.

Al buscador le gusta además los sitios web que se actualizan, no aquellos que se quedan congelados con el mismo contenido durante meses. Por lo que tu Blog también le dará ese aspecto de sitio dinámico, actualizado, con movimiento, que mejora tu reputación ante el buscador.

- *Medición del tráfico*

Lo que no se mide no se puede mejorar. Medir el tráfico a tu sitio web es muy sencillo a través de **Google Analytics**. Deberás crear una cuenta y añadir tu sitio web para empezar a disfrutar de todos los indicadores que ofrece esta herramienta. Para validar tu sitio web, lo más sencillo es grabar en tu hosting un archivito que te da la herramienta, es muy sencillo.

A través de *Google Analytics* podrás visualizar la cantidad de conexiones y de usuarios únicos que acceden a tu sitio web y su evolución. Pero además podrás ver de dónde vienen: de tráfico orgánico del buscador de google, de tus redes sociales, referenciado desde enlaces en otros blogs o sitios web, si es tráfico de pago de *Google Adwords*, etc.

También podrás observar a qué páginas llegan los usuarios. De ese modo, podrás ver por ejemplo las páginas de tu blog o los productos que más usuarios atraen. Podrás ver el **tiempo medio** que dedica un usuario en tu sitio web, y verlo en cada una de tus páginas. Del mismo modo que la **tasa de rebote**, el número medio de páginas que visita un usuario, las páginas desde las que tu usuario abandona tu sitio web... Una información muy rica a la que deberás prestar mucha atención, ya que te permitirá y haciendo ajustes y mejoras en tu comercio.

Puedes integrar toda esta información con tu ecommerce a través del plugin **WooCommerce Google Analytics Integration**. Una integración y buena configuración de Google Analytics te permitirá conocer cuáles son las fuentes de tráfico que mayor conversión a ventas generan, lo que te ayudará a diseñar tu estrategia de marketing digital, invirtiendo más en los canales que te traen clientes más proclives a cerrar una venta.

La medición de *Google Analytics* se complementa con otros indicadores de máximo interés que te ofrece *Google Search Console*, que detallo un poco más en el siguiente capítulo.

2.2.2. Linkbuilding

El *linkbuiding* se podría definir como el arte de conseguir enlaces hacia tu sitio web. Como hemos visto, este es uno de los aspectos más relevantes del posicionamiento SEO. No significa que sin enlaces no puedas posicionar, podrías estar primero en Google para una determinada palabra clave con un buen contenido y cumpliendo todo lo demás que le gusta al buscador (página veloz, los usuarios se quedan tiempo leyendo, no hay apenas rebotes, hay un buen *seo onpage*, etc.), pero siempre será más complicado conseguirlo si tu dominio no tiene enlaces de calidad.

Lo último que he mencionado es la clave: enlaces de calidad. No se trata de conseguir cientos de enlaces de sitios malos, ya que eso te penalizará. Pocos enlaces pero de sitios de calidad son los que harán crecer tu autoridad de dominio y tu reputación. Por ejemplo, no es lo mismo que te esté enlazando un periódico como ElMundo.com, que presupone a Google que eres alguien de relevancia, a que lo haga una página web estática llena de publicidad spam hacia sitios pornográficos, que le hace presuponer a Google que eres un sitio muy mediocre.

Antiguamente esto no era así, y la cantidad de enlaces era lo que más importaba al buscador. Por eso, se crearon técnicas y sistemas para crear cientos de enlaces de forma automática, a través de foros y cientos de blogs de contenido mediocre creados expresamente para almacenar enlaces. Nacieron empresas que ofrecían este servicio por unos pocos euros. Aunque todavía existen, y podrás encontrar buenas ofertas para crear enlaces a tu web, si lo haces estarás hundiendo tu negocio. Ahora Google sabe detectar fácilmente que estás intentando engañarlo y te enviará al final de la lista de resultados, en el mejor de los casos, o directamente **te desindexará desapareciendo de internet.**

Por tanto, no caigas en la tentación. Pocos enlaces, de sitios de calidad, con buena autoridad de dominio, de esos que cuesta mucho conseguir pero cuando llegan te hacen escalar posiciones. Te doy algunos tips para acelerar que lleguen.

- *Linkbuiding genuino*

Es aquel que se genera de forma natural, cuando te enlazan desde un blog o cualquier otro tipo de sitio web porque están hablando de una temática en la que encajas y quieren referenciarte. Eso es cuando de verdad interesas, el buscador se da cuenta de ello y empieza a valorarte.

Para llegar a esto, lo importante es, como no, que intereses. Que tengas un **contenido de calidad**, que aporte valor. Que para el público al que te diriges sea interesante. A partir de ahí, debes ir generando contactos en otros blogs o sitios relacionados con tu temática. Aquí utiliza un poco de inteligencia emocional. Si llegas a alguien escribiéndole que tienes algo genial y que por favor te haga un enlace, como un desesperado, probablemente no te hagan caso. Construye valor, ofrécete a darle contenido de forma gratuita para su sitio, aporta algo de interés, y quizás llegue el enlace.

Esto que acabo de contar es lo que leerás en muchas guías, y uno se queda como estaba. Así que te voy a dar ejemplos concretos que he hecho, por si te sirve alguno de inspiración:

- **Periódicos digitales** *locales con buena Autoridad de Dominio.* Los periódicos digitales generalmente tienen medios escasos, y la necesidad de publicar noticias todos los días. Facilítale una historia, una noticia que contar, pidiendo un link. A mí me resultó en numerosas ocasiones. Organizamos un concurso de fotografía a través de nuestras redes sociales, con participación gratuita, y se publicó la noticia con enlace a nuestro ecommerce. Organizamos una cacería PokemonGo cuando estaba muy de moda, y salió la noticia con enlace a nuestro ecommerce. Sé creativo, ofréceles algo que contar, envía tu nota de prensa con tu enlace, y en ocasiones seguro que tienes suerte.

- **Blogs** *en los que tengas algo que contar.* En el comercio físico recogíamos tapones para acciones solidarias. Había blogs de reciclaje interesados en explicar qué se hace con esos tapones. Les escribí el contenido, y accedieron a publicarlo con un enlace al ecommerce.

- **Entrevistas.** Cuando ganamos el concurso de Estrategia Digital, escribí a todos los blogs interesantes que encontré relacionados con marketing digital, startups, y nuevas tecnologías, ofreciendo una entrevista para Olga, en la que contaría la experiencia. Prácticamente todos a los que escribí accedieron a publicarlo, siempre con un enlace hacia el ecommerce.

- **Ayuda técnica.** En Blogs que me interesaban mucho, buscaba errores de programación en sus páginas. Especialmente, **enlaces rotos.** Hay programas que ayudan a encontrar fácilmente enlaces rotos en blogs, que son enlaces que ya no apuntan a un sitio válido y generan una experiencia mala al usuario. Les escribía indicando las correcciones que necesitaban hacer, y les sugería elegantemente si podrían escribir algo de mi ecommerce con un enlace. Conseguí unos cuantos así.

- *Intercambio de enlaces*. Esto lo tienes que **evitar**. Al buscador no le gusta que enlaces a una web y a la vez esa web te enlace a ti. Yo cometí ese error: establecí una red de *comercios amigos* con otros comercios locales proponiéndoles que enlazasen mi comercio electrónico desde su web a cambio de que yo haría lo mismo desde el mío. Pero esto el buscador lo conoce, sabe que no son enlaces genuinos y no le gusta. Evítalo.

Como ves, el *linkbuilding* genuino requiere tiempo y dedicación. Requiere ser un poco ingenioso, amable, y perseverante. Pero son los enlaces de calidad los que harán crecer tu reputación online ante Google, y comenzarás a escalar posiciones en el buscador.

- *Crear tus propios enlaces*

Estos son los enlaces que creas tú mismo, y que generalmente aportan poco valor. Todo el que comienza, empieza por aquí, creando enlaces a su propio ecommerce. Estos son los más comunes:

- *Directorios de empresas*. En directorios como paginasamarillas.es si tienes un negocio físico, u otros miles de directorios que hay de negocios digitales. Das de alta tu ecommerce e incluyes un enlace. Asegúrate primero en *Moz* que el directorio tenga una buena autoridad de dominio y un *spam score* controlado.

- *Comentarios en foros*. Tú mismo haces un comentario en un foro y metes un enlace a tu tienda. Esto generalmente se interpreta como SPAM, a los usuarios del foro no les suele gustar y en algunos incluso el administrador te puede dar de baja. Hay algunos foros con buena autoridad de dominio que lo permiten y puede merecer la pena. Sé contenido, alguno puntual, pero no llenes internet de mensajes cortos apuntando a tu ecommerce, ya que al final Google te penalizará.

- *Crear tus propios blogs*. Yo no llegué a tanto, pero hay personas que lo han trabajado. Tener tu propia red de blogs con contenido de calidad, que gestionas aparte de tu ecommerce, con contenido relacionado, y desde el cual introduces un enlace a tu propio sitio. Esto funciona, pero para hacerlo bien genera mucho esfuerzo, ya que tienes que mantener una red de blogs. Si lo venías haciendo, y tienes tu propia red de blogs, adelante.

Adicionalmente, es importante que cuides también los **enlaces internos** dentro de tu propio sitio. Con woocommerce es muy sencillo, ya que en todas las páginas tendrás enlaces hacia la página principal, a través del menú hacia las categorías, desde los productos a otros productos relacionados, etc. Pero no olvides incluir, en las publicaciones de tu blog en el ecommerce, enlaces a tus propios productos o secciones.

- *Compra de enlaces*

Como hemos visto, los servicios de generación masiva enlaces los tienes que evitar, no caigas en la tentación. Lo que sí puedes hacer, si te está costando la generación de enlaces genuinos, es comprar enlaces en periódicos o blogs concretos.

Para que parezca genuino a los ojos de Google, y no piense que estás haciendo trampa, debe ser un blog de **contenido relacionado con tu ecommerce**, en un artículo con contenido de calidad y genuino, en el que aparezca un enlace a tu ecommerce. La única diferencia es que los administradores del blog lo han hecho porque les has pagado por ello.

Este tipo de enlaces en contenido genuino los puedes comprar en determinadas plataformas, desde 7-8 euros hasta cantidades mucho más elevadas, dependiendo de la autoridad de dominio y reputación del medio donde quieras publicar tu enlace. En www.unancor.com lo puedes contratar fácilmente. En mi caso, hice alguna pequeña compra y la verdad que funcionó muy bien, pero trata que sea como mucho un complemento dentro de una estrategia de linkbuilding completa.

- *Monitorización de tus enlaces.*

Search Console es la herramienta que te ofrece Google de forma gratuita para monitorizar numerosos aspectos de tu sitio web, entre ellos visualizar los enlaces que ha detectado hacia tu ecommerce. Puedes acceder desde https://search.google.com/

Es importante que crees tu cuenta y lo configures para visualizar tu sitio web. Desde aquí podrás controlar, entre otros aspectos:

- *Enlaces*. En este apartado podrás visualizar los enlaces que apuntan a tu sitio web, y a qué partes de tu sitio apuntan.

- *Sitemaps*. Desde *Sitemaps* podrás indicarle a Google donde está tu sitemap, el esquema que le guía por todo tu sitio web que has creado con *All in One SEO*

- *Rendimiento*. Aquí podrás ver las palabras clave que más clics te están trayendo y en qué posición media del buscador estás saliendo.

- *Cobertura*. Aquí puedes ver qué partes de tu sitio web están indexados en Google. Si un producto o una página no está indexada, no aparece en el buscador. Por eso es importante que la mayor parte de tu contenido esté indexado. Google decide qué páginas indexa y cuáles no, si haces cosas feas que no le guste como comprar enlaces para aparentar ser lo que no eres, te irá desindexando partes.

Podrás hacer peticiones de indexación rápida cuando publiques algo nuevo, controlar la velocidad de carga observada por Google, detectar fallos AMP, retirar de Google páginas que no quieres que estén indexadas... Por lo que es una herramienta con la que tendrás que trabajar mucho y acostumbrarte a ella.

2.2.3. SEO Negativo

Hemos visto lo perjudicial que puede ser tener cientos de enlaces a tu ecommerce desde sitios de mala reputación, de poca autoridad de dominio o con un *spam score* alto. Sitios que sean considerados por el buscador granjas de enlaces, es decir, sitios creados exclusivamente para almacenar enlaces a otros sitios sin ningún tipo de contenido de calidad. Peor aún si son sitios pornográficos o con contenido ilegal apuntando a tu sitio.

Siendo esto así, quizás ya se te habrá ocurrido. Qué tentador es pagar un pequeño precio para crear enlaces hacia tu competencia desde este tipo de sitios. Con unos pocos euros, **hundes el barco de tu competidor**. Lo sacas de Google. ¿Pero esto sucede?

Sí, sucede. A nosotros nos ha sucedido ya en más de una ocasión. De repente, tu ecommerce pierde posiciones en Google y no sabes por qué. Accedes a Search Console, y ahí están, docenas de páginas de contenido sexual apuntando a tu ecommerce. ¡Pero qué demonios...! Alguna otra tienda online, que vende productos similares, ha decidido que generar una buena estrategia digital es muy complejo, y es mejor jugar sucio y estropear el trabajo ajeno.

Si esto te sucede, y a medida que tu comercio vaya bien seguro te sucederá, no te preocupes, tiene solución. Puedes indicarle a Google que todos esos sitios web te están apuntando sin tu autorización y se trata de SEO Negativo. Si tu reputación virtual es buena, el buscador aceptará tus explicaciones.

Para ello, basta que hagas un listado de todos los sitios *malignos* que te están enlazando, en un sencillo fichero *.txt*, y subir el fichero a Google a través de su herramienta para **desautorizar enlaces**. Tienes la explicación de cómo usarlo y la herramienta aquí:

https://support.google.com/webmasters/answer/2648487?hl=es

Hay muchas advertencias sobre el uso de esta herramienta porque si lo haces mal puedes estar desautorizando enlaces genuinos, pero que no te asusten, es muy fácil de usar y funciona. En mi caso, tengo una lista casi interminable de enlaces desautorizados.

2.3. Las redes sociales e email marketing.

La estrategia digital no se entiende sin las redes sociales. Son un elemento básico de generación de tráfico orgánico, de fidelización de clientes, de difusión de mensajes, ofertas y promociones; y además uno de los principales focos de atención a la hora de adentrarse en algún tipo de inversión en marketing digital.

No tienes que decidir si estar o no en las redes sociales. Simplemente tienes que estar.

2.3.1. Tu comunidad en Redes Sociales

Mi recomendación es que en cuanto selecciones un dominio, antes incluso de registrarlo observes si está disponible ese nombre en las principales redes sociales y lo registres. Como otras muchas recomendaciones, la hago basándome en errores cometidos.

Cuando registré nuestro nuevo dominio, mucho más corto y sencillo de memorizar, observé con horror que existía un perfil de Facebook registrado con ese nombre. Es decir, tendría la misma palabra para el dominio, el perfil de Instagram, de YouTube, de twitter, etc. y uno distinto para Facebook: horroroso. Tuve la suerte que el propietario del perfil no lo utilizaba y tuvo la gran amabilidad de cedérmelo, cosa que le agradeceré eternamente. Pero eso no es lo habitual, así que no te arriesgues.

Si por ejemplo has registrado tu ecommerce *tiendabonita.com*, tendrías que tener registrado *Facebook.com/tiendabonita*, *twitter.com/tiendabonita*, y así en todas las redes sociales.   Guarda el mismo estilo en todos tus perfiles, la foto de perfil debería ser tu logo, fácilmente reconocible.

A partir de ahí, comienza a mimar tu comunidad de seguidores. Al comienzo serán tus amigos, y poco a poco los amigos de amigos. Muestra en tu ecommerce los enlaces a tus redes sociales de forma muy visible, puedes utilizar el plugin **Social Media Feather,** que permite mostrar los iconos de forma muy vistosa y llamativa. Además, te permitirá incluir botones para compartir todos tus productos y páginas en las redes sociales de forma muy sencilla.

Otro plugin que te recomiendo es **Wpdevart Social comments,** permite a los usuarios comentar tus entradas del Blog con su perfil de Facebook, de modo que esos comentarios también se publican en tu perfil ante tus seguidores y en el suyo propio, generando reacciones y conversación.

A partir de ahí comienza a mimar a tu comunidad. Evita generar SPAM, a nadie le gusta entrar en su red social y ver siempre publicidad del mismo sitio. Si les agotas te dejarán de seguir. Debes generar **contenido de interés y compartirlo**, además de publicar promociones y novedades. Puedes generar cupones descuento para tus seguidores, días de gastos de envío gratuitos. Algo que nos ha funcionado muy bien son los sorteos, por pequeño que sea el premio a la gente le encanta participar y son publicaciones que se comparten muchísimo.

Algo que genera también mucha conversación son los concursos. Hemos hecho algunos concursos de fotografía con buen resultado. Hay sistemas como *easypromos* que lo ponen muy fácil, ofrecen alguna prueba gratuita, hay varios similares.

Es bueno que te comente mi experiencia con algunos usuarios malintencionados. Son auténticos profesionales de los concursos y sorteos en Facebook, que tienen perfiles desde los que se dedican sólo a ello. Participan en los concursos con sistemas de votación, y luego tienen docenas de perfiles falsos desde los que se votan a ellos mismos. A nosotros se nos coló alguno de estos usuarios en nuestros concursos. Lo que hice fue cuidarme en las condiciones de participación indicando que un usuario podía ser descalificado sin mayor explicación, y en los casos en los que se nos colaba uno de estos usuarios maliciosos los daba de baja. Me gané un par de reseñas negativas en el ecommerce, porque suelen ser muy vengativos, pero es algo a lo que te expones.

Todas estas acciones ayudan a generar una comunidad de forma orgánica. Para hacerla crecer a lo grande, te ayudará un poco de inversión en marketing digital, de la que escribiré con más detalle más adelante. Verás en internet **servicios de "compra" de seguidores**, para las principales redes sociales. Escapa de esto, no sirve para mucho. Podrás dar la sensación de comercio importante si tienes muchos seguidores, pero son seguidores *zombis* que no te aportan nada, no interaccionan, no comparten, no comentan, no compran. Además, si se dan cuenta los administradores de Facebook o Twitter, podrán cancelarte la cuenta y perderás toda tu comunidad.

Invierte bien en marketing digital, escribiré algunos aprendizajes en el próximo capítulo.

2.3.2. Comunidades sociales relacionadas con tu negocio

Además de las redes sociales más extendidas, en función de tu tipo de negocio deberás encontrar aquellas afines a tus productos o servicios y tener presencia en ellas. Por ejemplo, si tienes un negocio relacionado con turismo (hostelería, actividades de ocio, etc.) sí o sí tendrás que tener un perfil en *Tripadvisor* con el mayor número de reseñas posible. Incluso siendo un negocio no relacionado con el turismo, si tienes presencia física te recomiendo crear un perfil en "cosas que hacer" donde existen todo tipo de negocios.

En nuestro caso nos dimos de alta también en *SrPerro*, que identifica los comercios que permiten entrar con tu mascota, y nos enviaron una linda pegatina. Os sorprenderíais de la de comentarios positivos que generó esta iniciativa. Si tenéis un comercio, os lo recomiendo, http://www.SrPerro.com

Ya según vuestro nicho, encontraréis páginas y redes sociales muy destacadas. Por ejemplo, si vuestro negocio puede ofrecer algún tipo de servicio o producto para bodas, el portal de referencia *bodas.net* atraerá muchos clientes. Mi recomendación es que estés en todos los sitios que puedan merecer la pena por poco que sea.

2.3.3. Email Marketing y Notificaciones Push

El Email Marketing es un clásico inventado hace demasiado. No por ello te diría que lo obvies, bien usado tiene su potencia. Puedes incluir un apartado en tu sitio web donde los clientes puedan dejar su email para recibir novedades, ofertas y promociones. Cumpliendo con la normativa de privacidad (que el cliente lo acepte en el proceso de compra), puedes incluir los emails de los pedidos en tu lista de contactos. Poco a poco, te puedes ir haciendo con una base de datos de emails de clientes y potenciales clientes interesados.

Mi consejo es que hagas pocos envíos, de modo que los clientes no se agoten de leerte, con información relevante, concisa y directa. Para mantener la base de datos y hacer los envíos, te recomiendo darte de alta en MailRelay, es gratuito y me ha funcionado muy bien, https://mailrelay.com/es, aunque hay otros sistemas similares gratuitos con funcionalidades similares.

Nuestra base de datos de contactos la hemos enriquecido mucho a través de los sorteos en redes sociales, donde los clientes dejan su correo electrónico para participar. Ahí, mi recomendación es ser claro en que incluirás la dirección en tu base de datos para el envío de promociones, y como no, incluir en cada envío la opción de darse de baja. Bien hecho, es una forma de llegar periódicamente a todos tus clientes y mantenerte en su cabeza, importantísimo para que piensen en ti cuando necesiten hacer una nueva compra.

Además del Email Marketing, hoy en día hay un sistema más moderno que me encanta, el de las **notificaciones push.** Puedes incluirlo en tu site, y pedirá permiso a cualquier visitante para inscribirse. Desde entonces, podrás enviar una notificación push a su teléfono móvil, que aparecerá también en su navegador de PC cuando se conecte a internet. Puedes incluir un pequeño texto con un enlace, tiene una llegada muy interesante.

Existe un servicio de notificaciones gratuito, *OneSignal*, puedes darte de alta en http://www.onesignal.com. La configuración en tu woocommerce es muy sencilla a través del Plugin *OneSignal Push Notifications*.

2.4. Iniciándote en el Marketing Digital

Una vez tienes un buen negocio, un ecommerce bien construido, has iniciado tus comunidades en redes sociales, has trabajado tu posicionamiento... puede llegar el momento de hacer alguna inversión en marketing digital.

Si eres un pequeño negocio, yo lo tengo muy claro: invierte en redes sociales. Si el negocio va avanzando, puedes comenzar a invertir en tráfico de pago a través de anuncios en Google, lo que se conoce como SEM (*Search Engine Marketing*). Si lo que tienes es un producto novedoso y con un público muy concreto, quizás te quieras animar pagándole a un *influencer*, te explico un poco como funciona, aunque yo no he dado todavía ese paso.

2.4.1. Inversión en Redes Sociales

La potencia que tiene la inversión en redes sociales, concretamente en **Facebook e Instagram**, te sorprenderá desde el primer momento. **Puedes invertir desde 1 euro**, con una capacidad de segmentación abrumadora que te permitirá llegar a tu público objetivo.

La inversión en publicidad en Facebook/Instagram es especialmente buena para un negocio con presencia física. Puedes crear un anuncio, y pedir a Facebook que se lo enseñe a las personas que viven a 1km a la redonda, o 5km a la redonda, la distancia que tú elijas. Dependiendo de lo bien que esté hecha la publicación, y la competencia publicitaria que haya en cada momento, con 1 euro normalmente he llegado a un rango de 500-800 personas. Imagínalo, por sólo 1 céntimo de euro le presentas a entre 5-8 personas que viven cerca de tu negocio tu anuncio. Increíble.

En mi experiencia, esta inversión atrae rápidamente personas a la tienda física, la da a conocer. Además, se van incrementando los seguidores del perfil, a los que posteriormente puedes llegar de forma gratuita con tus publicaciones.

Cuando se trata de buscar seguidores para tu comercio online a nivel nacional, puedes segmentar el tipo de cliente. Puedes decidir si se muestra a hombres o mujeres, el rango de edad o sus intereses. Y a partir de muy poco dinero, puedes hacer crecer tu comunidad exponencialmente con usuarios interesados en tu marca, que te leen, interaccionan, comentan y comparten.

Si quieres comenzar a invertir, empieza por aquí.

Otra alternativa, para cuando tu negocio comience a crecer, son los **videos de YouTube**. Tendrás que crear un video profesional y potente, y puedes invertir desde un euro para que YouTube lo muestre a usuarios que esté utilizando este canal para ver videos de todo tipo. Hay tantos usuarios utilizando YouTube que tu presupuesto se consumirá enseguida porque lo muestra muy veloz.

Mi experiencia es que para conseguir resultados a través de YouTube tienes que preparar una campaña con un presupuesto significativo, ya que sólo cuando los usuarios vean el mismo video de forma *machacona* comenzarán a identificar de qué se trata o interesarse por ello. Sin embargo, cuando muestras un anuncio en su Facebook, si le resulta interesante lo cliquean y llegan a tu ecommerce.

2.4.2. Inversión en SEM

Esta es una alternativa para obtener tráfico a través de Google sin tener un buen SEO. Se trata de pagar a Google para que te muestre en las primeras posiciones, que son las que corresponden a los anuncios.

Si lo haces bien, estarás comprando tráfico es de alta calidad, ya que atraes a tu ecommerce a un usuario que estaba buscando tu producto.

La inversión se realiza a través de **Google Adwords**. En la herramienta, debes indicar qué palabras claves son por las que quieres pagar. Google te cobrará por cada clic, por cada persona que pinche en tu anuncio y vaya a tu ecommerce.

El precio de cada clic depende de la palabra clave. Por ejemplo, si quisieras pagar porque tu site se anuncie cuando alguien busque la palabra "caramelo", tendrás que pagar un coste alto porque seguro que hay muchas empresas queriendo anunciarse en esa palabra, así que Google muestra las 2 o 3 que más paguen y que mayor probabilidad crea el buscador que hay de que un usuario pinche. En el sistema, puedes limitar lo máximo que estás dispuesto a pagar por cada clic, información que el buscador tendrá en cuenta. Si por ejemplo estableces que no pagarás más que 0.20€, y normalmente los clics de la búsqueda "caramelo" se están cobrando a 0.50€, no te llegará ningún clic.

El arte está en encontrar palabras clave por las que haya pocas empresas pujando y generen tráfico de calidad hacia tu sitio web. Por ejemplo, si no has sido capaz de posicionar por SEO tu página de "caramelos de licor de jerez", podrías probar a pagar porque aparezca anunciado.

A la hora de invertir en SEM, lo que te aconsejo que midas es la calidad del tráfico que llega, es decir, cuántos de esos visitantes hacen una compra. A partir de ahí, podrás calcular si merece la pena esta inversión o no. A diferencia de la inversión en redes sociales, no generas seguidores, generas una visita que puede acabar en venta, o simplemente irse y se perdió el dinero para nada. Si estás pagando el clic a 0.20, y está comprando uno de cada 100 que llegan por SEM, estarás pagando la venta a 20€ de inversión. Tendrás que ver si lo que vendes genera margen para soportar esto, o estás perdiendo el dinero.

2.4.3. Influencers

Seguro que habrás oído hablar de ellos. El canal estrella es Instagram. Personas que tienen una comunidad grande de seguidores, con mucha interacción, y que tienen influencia sobre determinado tipo de público.

Estas personas ganan dinero promocionando marcas, productos y servicios. En ocasiones de forma más disimulada, como llevando la ropa de la marca que le paga por ello, visitando el restaurante o el hotel que le ha contratado, etc. y otras veces haciendo directamente publicidad de un artículo.

Si dentro de tu negocio y tu público objetivo existe alguno de estos *influencers*, puede ser una oportunidad utilizarlo como escaparate. Existen dos formas de hacerlo. La más fácil y la que te recomiendo es contactando con él. A mí me han contactado varios ofreciéndome sus servicios, es de lo más habitual. Le comentas que estarías interesado en que muestre tu producto, tu comercio, y en función de las tarifas llegaréis o no a un acuerdo.

El otro método es a través de una agencia de *influencers*. Fácilmente las encontrarás *googleando* un poco. Me he registrado en algunas y he curioseado, pero mi sensación es que estaba llena de *influencers* mediocres, oportunistas con una cuenta de Instagram llena de publicidad. Los de verdad no están en estas páginas, contáctalos directamente con la propuesta.

2.4.4. Otras inversiones en marketing digital

Además de la inversión en Redes Sociales, SEM, o *Influencers*, hay otro tipo de inversiones que dependiendo del negocio pueden ser interesantes. Por ejemplo, publicidad en determinada revista digital que esté muy dirigida a tu público objetivo a modo de banner, pagar por un publi-reportaje en un periódico o revista especializada, la compra de enlaces que expliqué anteriormente (con mucho cuidado), etc.

No hay una receta única, dependiendo de tu negocio y tu público será mejor un medio u otro. Lo que tienes que tener claro es a quién quieres dirigirte, establecer un presupuesto, establecer un plan, y estar dispuesto a equivocarte. Es decir, ir invirtiendo y midiendo los resultados, e ir modificando la estrategia para ir optimizando el rendimiento de tu inversión. Si lo haces de forma gradual, midiendo, ajustando, y probando de forma controlada, seguro que en poco tiempo obtendrás resultados sorprendentes.

2.5. Entendiendo a nuestro cliente.

2.5.1. Transmitir Confianza. Atención personal en el mundo digital

Un aspecto básico de tu ecommerce es que debe **transmitir confianza al cliente.** Pretendes que haga un pago por un producto o servicio con la confianza de que lo va a recibir y será de calidad. Las noticias de webs fraudulentas han advertido, con buen criterio, que los usuarios deben cuidarse en internet. Por ello, debes demostrar que eres un comercio honesto, que atenderás cualquier problema, y romper así todas las barreras de confianza que se puedan generar a lo largo del proceso de compra.

Estos son mis consejos para conseguirlo.

- *Página de Quienes Somos*

Crea una página de Quienes Somos que explique los detalles de la empresa y de las personas que hay detrás de ella. Una página sencilla, clara, que transmita que hay personas con nombre y apellidos detrás del comercio. Puedes incluir enlaces a los perfiles de LinkedIn, y cualquier referencia que de tranquilidad al cliente que se trata de un comercio real con personas reales que dan la cara por él.

- *Teléfono de contacto.*

Un teléfono de contacto visible en todas las páginas de tu sitio web. El cliente sabrá que si tiene algún problema tiene un teléfono al que llamar. Esto transmite mucha confianza, ver un número de teléfono del país en el que estás comprando para comunicarte.

- *Términos y Condiciones claros y sencillos*

Los términos y Condiciones de tu ecommerce tienen que tener ciertos textos y referencias legales complejas de entender. Pero trabájalo para que sea lo más sencillo posible. El cliente debe conocer claramente y sin problemas cuáles van a ser los gastos de envío, los tiempos de envío, la política de devoluciones, los canales para resolver problemas. Si se lo ofreces todo de forma fácil y clara, no llegarán las dudas que le hagan desconfiar.

- *Canales de atención y resolución de problemas. El Chat Online. Whatsapp.*

Ponte a disposición del cliente, que vea que tiene forma de comunicarse fácil con el personal del comercio. Nosotros mostramos el número de teléfono, incluimos un formulario de contacto, indicamos la posibilidad de contactarse con Olga a través de las redes sociales, e incluimos un chat online en la tienda.

Mediante el chat online, los usuarios podían comunicarse con Olga en horario comercial. Si quieres establecerlo, te recomiendo el plugin *Smartsupp Live Chat*. Te puedes dar de alta en el servicio de forma gratuita y a través de la plataforma de smartsupp indicar que estás disponible y atender las consultas que surjan.

Recientemente modificamos el sistema de chat online por un **whatsapp**, y sinceramente tiene mucho más uso, ya que es un canal al que los clientes están muy acostumbrados. Puedes crear un botón en la web para hablar directamente con tu whatsapp profesional. Su integración, muy sencilla a través del plugin *Join.chat.*

Por último, recuerda establecer un sistema formal de reclamaciones, ya que es requisito legal. Un mero formulario, con unas instrucciones claras en los *términos y condiciones* de tu página, será suficiente.

- *Reseñas. Opiniones reales de clientes.*

Las reseñas son opiniones de clientes sobre su experiencia con tu ecommerce. Es importante que animes a la participación, y que las muestres claramente en tu ecommerce. Te recomiendo potenciar especialmente las reseñas de Google y Facebook, ya que de algún modo las observa el buscador y ayuda a tu reputación.

Hay otros sistemas que pueden serte de utilidad. *Tripadvisor*, según tu tipo de negocio, u otros más de nicho como *bodas.net*, posicionan muy bien. Hay sistemas de opiniones que ofrecen confianza al consumidor. Algunos son costosos, como el sello de Confianza Online. Pero tienes sistemas similares gratuitos, como *eValor.es*, donde tus clientes pueden valorar su experiencia contigo.

Puedes incorporar una llamada a la acción, una petición de que te valoren, en los correos automáticos de pedido de woocommerce, o hacer periódicamente un envío sobre los últimos clientes que hayan comprado en tu comercio.

Prepárate para reseñas negativas, que siempre las habrá, y evita enfadarte. Contesta siempre, a las positivas y negativas. Cuando alguien esté disconforme, contesta elegantemente que lo lamentas y pregunta si puedes colaborar en solucionar algún problema que haya tenido.

En el pie de página de tu woocommerce puedes mostrar las puntuaciones obtenidas en estos sistemas. Cuando los clientes lean experiencias reales positivas, comprarán con confianza.

2.5.2. Los métodos de pago

Los métodos de pago disponibles es un elemento esencial en tu ecommerce. Mi consejo, es que cuantos más métodos de pago tengas disponibles, mejor. Cuantos más métodos de pago, más ventas tendrás.

En nuestra experiencia, hemos visto como hay usuarios que temen pagar con tarjeta, y prefieren pagar un sobrecoste por recibir el pedido contra reembolso. Hay usuarios que no pagarían de otra forma que a través de PayPal. Y lo que puede disparar tus ventas es ofrecer financiación, ya que hay auténticos adictos a pagar a plazos, especialmente si lo puedes ofrecer sin interés. Te explico cómo hacerlo muy fácil.

- *Pago Contra Reembolso.*

Es el método de pago que menos me gusta, pero hay personas que todavía no se animan a pagar algo en internet que todavía no tienen en sus manos. Lo puedes activar fácilmente desde la configuración básica de woocommerce sin necesidad de ningún plugin. Mi consejo es que establezcas un precio que cubra al menos el sobrecoste que genera en tu envío.

- *Transferencia Bancaria.*

En mi caso ya casi ningún cliente selecciona este método de pago, que no ofrece ninguna ventaja especial y resulta más engorroso. Pero como inicié este capítulo, cuantas más facilidades de pago ofrezcas mejor. Configurar este método de pago es muy sencillo en los ajustes de Woocommerce, y basta con indicar el número de cuenta donde recibir los pagos. El sistema se lo informará al cliente cuando finalice la compra y quedarás atento a recibir el dinero para continuar el procesamiento del pedido.

- *TPV Virtual.*

Básico, y en mi caso el que más se utiliza. Pago con tarjeta a través de internet, utilizando una Pasarela de Pago segura (tú nunca tendrás los datos de tarjeta de los usuarios). Woocommerce redirige al cliente a la pasarela de pago del banco, en el que paga de forma confiable y segura, y a ti te llega la confirmación de que se ha hecho un pago en tu TPV. Para instalar esto, tendrás que pedir un TPV virtual en tu banco. Algunos bancos lo ofrecen de forma gratuita, únicamente cobran una pequeña comisión por cada pago, al igual que en un TPV físico. El banco te ofrecerá la información necesaria para la instalación: clave, URL, etc. y esos datos los podrás configurar muy fácilmente en woocommerce si te instalas el plugin ***WooCommerce Redsys payment Gateway***.

- *PayPal.*

Este sistema es muy extendido y perderás clientes si no lo incorporas. Es muy sencillo. Tendrás que crear una cuenta de PayPal y configurarlo en woocommerce, en el apartado de ajustes, ya que no es necesario instalar ningún plugin adicional por venir integrado por defecto en la instalación de woocommerce. PayPal tiene un inconveniente y es que establece una tarifa para el vendedor relativamente alta, un fijo más un porcentaje de venta, que resulta más costoso que el TPV Virtual. Puedes asumir este sobrecoste por el aumento de ventas que supone. Si no quisieras asumir este coste, existe un plugin que te permite añadir un recargo por utilizar determinados métodos de pago, se llama *WooCommerce Pay for Payment.*

- *Facilitar Financiación a tus clientes.*

Sin duda un salto cualitativo en tu ecommerce. Pensarás que necesitas un acuerdo con un banco, papeleo, trámites... nada de eso. Existe un servicio muy sencillo, ***Aplazame***, que ofrece financiación en cuotas sin cantidad mínima. Un cliente puede decidir pagar un pedido de 10 euros en diez cuotas, sólo con su número de DNI y tarjeta de crédito. Tú cobras el total del pedido desde el momento de la compra (los 10 euros), y la plataforma se encarga de cobrar las cuotas en la tarjeta del cliente y asumir cualquier tipo de impago. Los intereses, puedes decidir si se trasladan al cliente o los asumes tú. En mi caso, ofrezco pagar en 3 cuotas sin interés (asumo yo el costo de los intereses), y si el cliente quiere establecer plazos más largos, paga él el interés. Funciona superbién. Sólo tienes que darte de alta en el servicio, en www.aplazame.com, e instalarte su plugin para woocommerce.

- *Pago con Bitcoin.*

Suena muy moderno, ¿verdad? Haré una confesión en este libro. Desde que instalamos el sistema de pago por Bitcoin, no hemos tenido una sola compra hecha con esta moneda. Pero aceptar el pago por Bitcoin es muy fácil: te das de alta en alguna de las plataformas que existen, y si un cliente paga a través de esa plataforma por bitcoin, a ti te ingresan los euros correspondientes de forma automática. También puedes decidir quedarte los bitcoin, ahí ya asumes el riesgo de que pierdan valor, eso lo eliges tú. Yo utilicé la plataforma *BitPay*, que tiene un plugin para woocommerce que lo hace todo muy cómodo, *BitPay for WooCommerce*.

En mi caso, en cuanto instalé el método de pago por Bitcoin, redacté una noticia: llega el Bitcoin a Gondomar. La difundí a los periódicos locales y me gané una noticia y un enlace. ¡Hay que estar a todo!

Posteriormente, nos hicieron un reportaje en el Blog www.territoriobitcoin.com, de quienes destaco su amabilidad, profesionalidad, y la calidad de su sitio web.

2.5.3. Los Gastos de Envío

Puede que en tu ecommerce ofrezcas servicios y no envíes ningún producto, pero si se trata de envíos, debes saber que los gastos de envío es una de las principales barreras de decisión de compra.

Hemos probado a establecer gastos de envío gratuitos, estableciendo un mínimo de compra que garantice que al menos no perdemos dinero con el pedido. Posteriormente dejamos esta opción para campañas puntuales, y establecimos una tarifa plana muy baja, de modo que asumimos parte del coste y otra parte se cubre con este pequeño gasto. En general, mi experiencia es que si los gastos de envío son muy pequeños, máximo 2-3 euros, el cliente está dispuesto a pagarlos, pero si lo incrementas empezarás a notar disminución de las ventas.

Es importante que busques acuerdos para disminuir al máximo el costo de tus envíos. Existen agencias de transporte que, en función del volumen de pedidos que tengas, te pueden ofrecer precios muy competitivos para cada envío. Hay numerosas agencias, como Zeleris, Tourline Express, etc. así como **agregadores** que te ofrecen el mejor precio para cada envío, en función del peso, medidas y destino, mostrándote cual te ofrece el mejor precio, incluyendo Correos, Envialia, Seur, etc. Estos agregadores tienen precios especiales y pueden ofrecerte tarifas especiales según tu volumen. Te recomiendo ver *Genei.es* o *Packlink.es*.

2.5.4. Plan de Fidelización. Sistema de puntos. Descuentos. Regalos.

Por todo lo que hemos visto hasta ahora, probablemente ya habrás concluido que conseguir un cliente es algo complicado, que requiere mucha dedicación o inversión en marketing digital. Así que cuando lo tienes, hay que mantenerlo. Conseguir que vuelva, crear tu cartera de clientes.

Lo principal es que su experiencia con su compra sea buena. Un ecommerce confiable, un proceso sencillo, una entrega rápida, y un producto de calidad. No falles en ninguno de los procesos.

Además, añade extras. Hazle sentir especial. Te dejo algunas propuestas que a nosotros nos ha funcionado bien:

- *Envolver para regalo gratis.*

  Esto dependerá del tipo de negocio que tengas, pero en casi cualquier comercio tendrá aplicación. El cliente compra para regalo, pero no tiene opción de envolverlo o, en el mejor de los casos, se les cobra un extra. Diferénciate permitiendo la opción de enviar el pedido envuelto en papel de regalo. Puedes incluir esta opción fácilmente con el plugin **WooCommerce Product Gift Wrap**.

- *Sistema de Puntos.*

  Puedes premiar a tus clientes con un sistema de puntos que puedan canjear por descuentos o productos. Pensarás que está muy visto, pero si tanto lo usan las grandes compañías es porque funciona. Premiar a los clientes que más compran en tu comercio. Para esto también te dejo un plugin con el que podrás implantarlo con sólo un par de configuraciones, **WooCommerce Points and Rewards**.

- *Cupones descuento.*

  Woocommerce permite dar la opción de incluir cupones descuento en el proceso de compra. Puedes hacer cupones para envío gratuito a partir de determinada cantidad, cupones que se apliquen automáticamente al cumplir ciertas condiciones, etc. Puedes facilitar estos cupones a tus clientes más fieles, o publicarlos a tus seguidores en las redes sociales. El sistema de cupones de Woocommerce es un tanto simple, pero puedes añadir muchas funcionalidades nuevas con el plugin **WooCommerce Extended Coupon Features FREE**.

- *Sistema de afiliados.*

  Si lo deseas, puedes establecer un sistema de afiliados. Esto le da la opción a los afiliados que apruebes a publicitar tu sitio web, a cambio de una comisión por las ventas que se produzcan a través de los clientes que lleguen desde su enlace. Si ofreces unas comisiones atractivas, puedes atraer una red de bloggers que hagan publicidad sobre tu sitio web y te genere tráfico de calidad. Para establecer un sistema de afiliados, tienes disponible el plugin **YITH WooCommerce Affiliates**.

Estos son algunos consejos. Intenta entender qué es lo que le gusta a tu tipo de cliente y ofréceselo. Captar clientes es muy costoso por lo que tu estrategia digital debe estar focalizada en mantener los que has conseguido y trabajar para que hagan compras recurrentes.

2.6. Cómo estar en todo lo que genere ruido.

2.6.1. Que se hable de ti.

Si has leído el primer bloque del libro habrás visto que me encanta conseguir que se hable de nuestro ecommerce sin gastar dinero. En lugar de darte consejos generales como en la mayoría de las guías que conozco, he decidido recopilar algunas de las acciones que se nos dieron bien, más allá del ruido generado por el Premio del Día de Internet, que ya has visto que se nos fue de las manos.

- **Concurso con salto de puenting en Gondomar.** Suena llamativo, ¿verdad? Con este titular conseguimos nuestra primera publicación gratuita en el Faro de Vigo, el periódico de mayor tirada de la ciudad vecina. Y no tuvimos que tirar por un puente a ningún vecino.

  Organizamos un concurso de fotografía a través de Facebook. El premio se elegía por votación de la comunidad de seguidores de nuestro comercio, y consistía en una de estas típicas cajas de experiencias, Wonderbox, que por un precio reducido incluye toda una serie de actividades entre las que el ganador podría elegir una. Entre ellas, sí, estaba el salto de puenting. Así que transmitimos la noticia: concurso de fotografía, a través de medios digitales, con salto de puenting. Y funcionó.

- **Cacería Pokemon Go.** Estuvo muy de moda en España el juego de Pokemon Go. Así que estuvimos atentos, y organizamos la primera cacería en Galicia. A penas nos costó unos pocos euros para soltar por Gondomar unos elementos que atraían pokemons y los jugadores podían cazarlos. Otra vez, conseguimos que periódicos digitales locales se hiciesen eco de la noticia, y otra vez el Faro de Vigo recogió la noticia. Llegaron muchos niños y no tan niños a la cacería, en la que al final sorteamos productos de la tienda entre los participantes. Más ruido en internet, más ruido en prensa, más enlaces al ecommerce.

- **Sorteos.** Te recomiendo hacerlos porque cualquier cosa que sortees genera una actividad en las redes sociales increíble. Lo hacemos a través de Facebook y genera muchas reacciones y publicaciones compartidas. Además, haciéndolo bien, puedes enriquecer tu base de datos de Email Marketing.

- **Llega el Bitcoin a Gondomar.** Os lo conté en el capítulo de medios de pago, otra forma de generar una historia que pudiese llamar la atención que fue recogida por periódicos locales y por el Blog TerritorioBitcoin.com.

- ***Entrevistas. Artículos en Blogs. Acciones Solidarias***. *Todo lo que te he ido contando y recojo en el próximo capítulo.*

En definitiva, como parte de una **buena estrategia digital** tienes que tener algo que contar y encontrar los medios adecuados para generar conversación, que hablen de ti o al menos alrededor de ti. No se trata de ir mendigando una reseña o un post, ni de generar todo el tráfico a base de inversión en marketing digital, sino de generar un contenido de valor que pueda ser interesante para quien lo publica y su público habitual.

Si tienes una historia que contar, tendrás la mayor parte del trabajo hecho.

2.6.2. Acciones solidarias.

Participar en actividades solidarias es por sí mismo enriquecedor y necesario. Te pido por favor que no interpretes que sugiero participar en acciones solidarias esperando algo a cambio. A título personal es algo vitalmente muy enriquecedor, pero si tienes un negocio, además de esta satisfacción personal, puedes incorporarlo a tu estrategia digital. Podrás ver cómo a la vez que ves crecer tu negocio, puedes ayudar un poquito a la sociedad.

Las empresas son cada vez más conscientes de la importancia de la Responsabilidad Social Corporativa, ya que más allá de la convicción de su necesidad, que debería ser motivo suficiente, la realidad es que los clientes valoran cada vez más las empresas comprometidas y penalizan aquellas que tienen conductas poco éticas o insolidarias.

A nosotros nos ha ido bien colaborando, por satisfacción personal y por lo que ha aportado al ecommerce.

En la tienda física, Olga siempre ha recogido tapones de plástico para asociaciones que los utilizan para entregar a empresas de reciclaje, y que con la venta de esa materia prima apoyan acciones solidarias. Concretamente, se ayudó a niños con enfermedades raras a buscar alternativas a sus dolencias así como apoyar económicamente a sus familias por los gastos extras que se generaban.

Esa acción, además, nos permitió participar en algunos blogs de reciclaje y recogida de tapones, en la que se explicaba lo que se conseguía con los tapones, y se enlazaba el ecommerce (*linkbuilding genuino*).

Cada navidad Olga participa en la campaña **Cada niño un Juguete**. Podría escribir un libro entero hablando de la magia que consigue esa organización en Vigo cada año, es increíble. Pero siguiendo la temática de este libro, todos los colaboradores forman parte de las notas de prensa en medios digitales animando a participar, con sus correspondientes enlaces al ecommerce.

Como ves, en lugar de comprar enlaces en periódicos digitales o ponerte a escribir comentarios como un loco en todos los foros que encuentres, puedes pensar en hacer algo bueno para la sociedad, y podrás generar conversación digital, temáticas genuinas, y visibilidad y enlaces para tu negocio.

Agradecimientos

Son demasiados los agradecimientos que me gustaría escribir aquí.

Voy a comenzar agradeciendo al Comité de Impulso del Día de Internet, y a todas las entidades que lo forman, por el gran trabajo que realizan. Por organizar los Premios, la Gala, todo de forma gratuita para los participantes. Un concurso motivador, que hace que muchas pequeñas empresas se entusiasmen con las nuevas tecnologías.

Un agradecimiento enorme al jurado, por premiar a algunos muy pequeños, como fue nuestro caso, sin duda menos preparados que otros grandes competidores, buscando impulsar a la sociedad en el buen uso de las nuevas tecnologías.

También gracias a todos los participantes, especialmente a los finalistas de nuestra categoría, y como no, a Zara. Jamás pondría en duda que su ecommerce está a años luz del que pude hacer. Pero su presencia, el tiempo dedicado a participar y colaborar, le da un valor distinto a los premios y motiva a todos los que participamos. Gracias.

Gracias a todos los que nos apoyaron. A todos los que accedieron a la web de los premios a dar su voto. A los familiares y amigos que siguieron todo el proceso con ilusión.

Gracias a los medios locales que siempre se hicieron eco de la noticia, especialmente a Vaminortv.com y al Faro de Vigo. Gracias a todos los medios de comunicación que nos hicieron un hueco. A la Radio Gallega en su programa "A tarde", a Antena3Noticias, a la Televisión de Galicia, al Atlántico Diario, a Antena 5 Radio, y a todos los medios digitales y radios locales que nos abristeis vuestras puertas. Por ello quiero mencionar alguno de ellos, en agradecimiento.

- *www.valminortv.com*
- *www.marketing4ecommerce.net*
- *www.mujeresdeempresa.com*
- *www.observatorioecommerce.com*
- *www.emprendedoresnews.com*

- *www.e-emprendedoras.es*
- *www.ecommerce-news.com*
- *www.nobbot.com*
- *www.thedamass.com*
- *www.todostartups.com*
- *Un largo etcétera.*

Y como no, y sobre todo, gracias Olga. Porque no ha habido reto nuevo que te hiciese dar un paso atrás. Porque si había que cobrar con Bitcoin en Gondomar, tú te disponías a hacerlo. Porque nos hemos divertido muchísimo con esta historia, y eso es lo mejor de todo con diferencia.

www.ingramcontent.com/pod-product-compliance
Lightning Source LLC
LaVergne TN
LVHW041220050326
832903LV00021B/712